GELBE SERIE *leicht gemacht*®

Herausgeber:
Professor Dr. Bernd-Rüdiger Kern
Richter am AG Dr. Peter-Helge Hauptmann

Schuldrecht AT

leicht gemacht

Allgemeiner Teil des Schuldrechts:
Eine Einführung für Studierende an Universitäten
und Hochschulen

2., überarbeitete Auflage

von
Professor Dr. Erik Hahn
Hochschule Zittau/Görlitz

Ewald v. Kleist Verlag, Berlin

Besuchen Sie uns im Internet:
www.leicht-gemacht.de

Autoren und Verlag freuen sich über Anregungen

Umwelthinweis: Dieses Buch
wurde auf chlorfrei gebleichtem Papier gedruckt
Gestaltung: M. Haas, www.haas-satz.berlin; J. Ramminger
Druck & Verarbeitung: Druckerei Siepmann GmbH, Hamburg
leicht gemacht® ist ein eingetragenes Warenzeichen

© 2017 Ewald v. Kleist Verlag, Berlin

Inhalt

I. Das Schuldverhältnis

Lektion 1: Vorab 5
Lektion 2: Grundprinzipien 13
Lektion 3: Die Entstehung von Schuldverhältnissen 26
Lektion 4: Inhalt der Schuldverhältnisse 39
Lektion 5: Leistung durch Dritte und Personenmehrheit . 46
Lektion 6: Bestimmtheit und Veränderbarkeit der Leistungspflichten 55

II. Erfüllung und Erfüllungssurrogate

Lektion 7: Erfüllung, Erfüllungs statt und erfüllungshalber 64
Lektion 8: Weitere Erfüllungssurrogate 70

III. Leistungsstörungen

Lektion 9: Grundlagen/Verantwortlichkeit des Schuldners 80
Lektion 10: Unmöglichkeit 92
Lektion 11: Verzug und Störung der Geschäftsgrundlage .. 106
Lektion 12: Vertragsstrafe und Schadensersatz 122

IV. Einbeziehung Dritter

Lektion 13: Außenwirkung des Schuldverhältnisses 136
Lektion 14: Auswechslung der Beteiligten 146

V. Beendigung von Schuldverhältnissen bzw. Leistungspflichten

Lektion 15: Beendigung ohne Leistung durch Vertrag 155
Lektion 16: Beendigung durch einseitige Gestaltungserklärung ... 161

Sachregister 171

Übersichten * Prüfschemata

Übersicht 1	Schuldverhältnis im engeren und weiteren Sinne	11
Übersicht 2	Schuld und Haftung	25
Übersicht 3	Vertragsfreiheit	27
Übersicht 4	Funktionen von § 242 BGB	31
Übersicht 5	Arten gesetzlicher Schuldverhältnisse	32
Übersicht 6	Die wichtigsten gesetzlichen Schuldverhältnisse	38
Übersicht 7	Holschuld, Schickschuld, Bringschuld	41
Übersicht 8	Gefahrtragung	42
Übersicht 9	Leistung unter Beteiligung weiterer Personen	48
Übersicht 10	Schuldnermehrheit	49
Übersicht 11	Gläubigermehrheit	54
Übersicht 12	Stückschuld / Gattungsschuld	58
Übersicht 13	Grundlagen für Aufrechnungsverbote	71
Übersicht 14	Funktionen der Aufrechnung	75
Übersicht 15	Erfüllung und Surrogate	78
Übersicht 16	Primärpflichten	82
Übersicht 17	Störungen des Schuldverhältnisses	83
Übersicht 18	Verschuldensfähigkeit	88
Übersicht 19	Unmöglichkeit (Leistungserschwerungen)	96
Übersicht 20	Unmöglich≠keit (Leistungshindernisse)	97
Übersicht 21	Folgen der Unmöglichkeit	104
Übersicht 22	Voraussetzungen des Annahmeverzugs	116
Übersicht 23	Wichtigste Folgen des Annahmeverzugs	116
Übersicht 24	Haftungsausfüllung und Haftungsbegründung	129
Übersicht 25	Schadensersatz nach §§ 280 ff. BGB	129
Übersicht 26	Vermögensschaden / absolutes Rechtsgut	131
Übersicht 27	Vertrag zugunsten Dritter	138
Übersicht 28	Echter und unechter Vertrag zugunsten Dritter	139
Übersicht 29	Auswirkungen der Abtretung auf die Forderung	150
Übersicht 30	Rücktritt am Beispiel Kaufvertrag	164
Übersicht 31	Folgen des Rücktritts	166
Prüfschema 1	Aufrechnung	72
Prüfschema 2	Schadensersatzanspruch bei Pflichtverletzung	84
Prüfschema 3	Einstehenmüssen für fremdes Verschulden	90
Prüfschema 4	Schadensersatz bei nachträglicher Unmöglichkeit	98
Prüfschema 5	Schadensersatz bei anfänglichem Leistungshindernis	100
Prüfschema 6	Herausgabe des stellvertretenden commodums	103
Prüfschema 7	Schadensersatz bei Schuldnerverzug	109
Prüfschema 8	Möglichkeiten des Gläubigers bei Schuldnerverzug	112
Prüfschema 9	Wegfall der Geschäftsgrundlage	121
Prüfschema 10	Vertrag mit Schutzwirkung für Dritte	142
Prüfschema 11	Drittschadensliquidation	144
Prüfschema 12	Wirksamkeit der Abtretung	148

I. Das Schuldverhältnis

Lektion 1: Vorab

Standort im BGB

Das Allgemeine Schuldrecht befindet sich im zweiten Buch des BGB und steht dort im ersten bis siebenten Abschnitt. Es umfasst die §§ 241–432. Der achte Abschnitt enthält den Besonderen Teil des Schuldrechts (§§ 433–853) der die einzelnen Schuldverhältnisse regelt. Wie andere Gesetze nutzt auch das BGB die Klammertechnik. Danach werden Regeln, die für mehrere Bereiche gelten, als Block vorangestellt. Man spricht davon, dass sie vor die Klammer gezogen werden. Auf diese Weise verzichtet der Gesetzgeber darauf, allgemeingültige Regeln für die Entstehung, die Veränderung und den Untergang von Schuldverhältnissen für jeden Einzelfall gesondert und damit mehrfach zu formulieren.

Das Klammersystem findet sich auch innerhalb des Allgemeinen Schuldrechts wieder. Der erste Abschnitt mit dem Titel „Inhalt der Schuldverhältnisse" (§§ 241–304) enthält Regeln, die für Schuldverhältnisse schlechthin gelten. Der zweite und dritte Abschnitt gelten dagegen nur als Allgemeiner Teil für Schuldverhältnisse aus Verträgen. Die Abschnitte vier (Erlöschen der Schuldverhältnisse), fünf (Übertragung einer Forderung), sechs (Schuldübernahme) und sieben (Mehrheit von Schuldnern und Gläubigern) gelten wiederum für alle Schuldverhältnisse.

Außer als Klammer dienen die Normen des Allgemeinen Schuldrechts vielfach als Auffangtatbestände. Das heißt, sie kommen immer dann zur Anwendung, wenn der Besondere Teil zu einer bestimmten Frage keine Regelung enthält. Sie müssen daher immer zuerst im Abschnitt des Besonderen Schuldrechts schauen, ob dieser eine Spezialregelung enthält. Nur wenn das nicht der Fall ist, dürfen Sie auf die Regeln des Allgemeinen Teils zurückgreifen. Es gilt der Grundsatz: Eine speziellere Regel des Besonderen Teils verdrängt die allgemeine Regel aus dem Allgemeinen Teil (lex specialis derogat legi generali).

Wenn Sie mit der Lektüre dieses *leicht gemacht®*-Buchs fortfahren, sollten Sie eine möglichst aktuelle Textausgabe des BGB zur Hand haben.

Diese finden Sie auch kostenlos im Internet unter „www.gesetze-im-internet.de". Das ist wichtig, denn nur wenn Sie die angesprochenen Normen immer gleich nachlesen, werden Sie sich ihren Inhalt und Standort im BGB dauerhaft einprägen können.

Auch wenn das Buch den Titel „Schuldrecht AT" trägt, werden Sie nicht umhinkommen, einen Blick in die anderen Abschnitte des BGB zu werfen. Der Allgemeine Teil ist, wie das Operationsbesteck des Arztes, das Handwerkszeug zur Bearbeitung eines schuldrechtlichen Falls. So wie aber auch ein Medizinstudent einen Menschen sehen muss, um die Wirkungsweise des Skalpells zu verstehen, müssen Sie sich an den notwendigen Stellen auch mit einigen Inhalten des Besonderen Schuldrechts vertraut machen. Sie können so von Anfang an aktiv mit der Klammertechnik des BGB arbeiten.

Durch das gesamte Buch wird Sie Jan mit seiner Familie und seinen Freunden begleiten. Anhand kleiner Fälle, die in den unterschiedlichsten Bereichen von Jans Leben spielen, werden Sie kennenlernen, auf welche vielfältige Art und Weise Personen in ihrem alltäglichen Leben mit dem Allgemeinen Schuldrecht konfrontiert werden. Aber bitte lesen die kleinen Geschichten mit einem Augenzwinkern, sie sind z.T. natürlich zur Verdeutlichung der Probleme etwas überspitzt. Und los geht es!

Fall 1
Jan verkauft seinen MP3-Player für 80 € an Sabine. Unmittelbar im Anschluss daran werden Gerät und Geld übergeben. Was geschieht mit den Ansprüchen aus dem Kaufvertrag?

Um herauszufinden, wie sich die wechselseitige Übergabe von MP3-Player und Geld auf die Ansprüche aus dem Kaufvertrag im Fall 1 ausgewirkt hat, lohnt es sich zunächst im Besonderen Teil des Schuldrechts nachzusehen. In den §§ 433 – 480 BGB finden sich die Regeln zum Kauf- und Tauschvertrag. Diese stehen übrigens zusammen, da es sich bei dem Kaufvertrag letztlich nur um einen Sonderfall des Tauschvertrags handelt, bei dem eine der Tauschleistungen immer Geld ist. Wenn Sie nun in § 433 BGB schauen, werden Sie etwas zu den typischen Pflichten des Kaufvertrags lesen. Genannt sind Übergabe- und Übereignungspflicht, Kaufpreiszahlungs- und Abnahmeverpflichtung. Zur Frage, was geschieht, wenn diese Leistungen erbracht werden, finden Sie dort jedoch nichts. Das gilt auch für die nachfolgenden Paragrafen. Da der Besondere

Teil keine Information zum Schicksal der Ansprüche bereit hält, dürfen Sie nun in den Allgemeinen Teil des Schuldrechts schauen. Dort finden sich im vierten Abschnitt in den §§ 362–371 BGB Regeln zur Erfüllung. Einschlägig ist hier § 362 I BGB. Danach erlischt das Schuldverhältnis, wenn die geschuldete Leistung an den Gläubiger bewirkt wird. Sie haben gesehen, wie die Klammertechnik funktioniert. Versuchen Sie zu Übungszwecken, dieselben Schritte noch einmal nachzuvollziehen. Dazu können Sie selbständig die Frage beantworten, was geschieht, wenn Jan Sabine den MP3-Player geschenkt und daraufhin übergeben hat.

Fall 2

Viktor hat eine Wohnung an seinen langjährigen Freund Jan vermietet. Nachdem sich Viktors Freundin Claudia von ihm getrennt hat und zu Jan gezogen ist, hat sich das Verhältnis erheblich abgekühlt. Viktor fragt sich, wie er Jan schnellstmöglich loswerden kann. Welche Regeln des BGB sind maßgeblich?

Zunächst haben Sie sicher sofort erkannt, dass es sich vorliegend um ein Mietverhältnis handelt. Dieses zählt zu den sogenannten Dauerschuldverhältnissen, da es auf eine gewisse Zeitspanne angelegt ist und sich nicht im einmaligen Austausch von Leistung und Gegenleistung (dauerhafter Leistungsaustausch) erschöpft. Um es zu beenden, ist die Kündigung das richtige Mittel. Das können Sie schon aus § 314 I S. 1 BGB erkennen. Doch Vorsicht, der § 314 BGB steht im Allgemeinen Teil des Schuldrechts!

Sie müssen also wieder vorab prüfen, ob die im Besonderen Teil zu findenden Paragrafen des Mietrechts eine Spezialregel enthalten. Das ist mit § 543 BGB auch tatsächlich der Fall. Dieser enthält die Voraussetzungen, unter denen die Parteien eines Mietvertrags die umgehende Auflösung des Vertrags erreichen können. Danach ist es erforderlich, dass dem Kündigenden unter Berücksichtigung aller Umstände des Einzelfalls die Fortsetzung des Mietverhältnisses bis zum Ablauf der Kündigungsfrist oder bis zur sonstigen Beendigung des Mietverhältnisses nicht zugemutet werden kann. Für die Wohnraummiete wird § 543 BGB durch § 569 BGB um weitere Voraussetzungen ergänzt. Beide schließen die Anwendung des allgemeinen § 314 I BGB aus, soweit sich die Regelungsbereiche der Vorschriften decken. Die Auffangwirkung der allgemeinen Norm kommt dann nicht zum Tragen. Jan aus Fall 2 müsste also die Voraussetzungen der §§ 543, 569 BGB erfüllen.

Das Schuldverhältnis

Das Schuldrecht ist stets **von hinten** zu lesen. Die Spezialregeln des besonderen Teils verdrängen die allgemeinen Regeln des Allgemeinen Teils.

Im Aufbau des BGB steht das Allgemeine Schuldrecht wie folgt:

▶ Bürgerliches Gesetzbuch (BGB)

Buch 1: Allgemeiner Teil (gilt für alle Bücher) (§§ 1 – 240)

Buch 2: Recht der Schuldverhältnisse (§§ 241 – 853)
   Abschnitt 1 – 7: Allgemeiner Teil (des Schuldrechts)
   Abschnitt 1: Inhalt der Schuldverhältnisse (§§ 241 – 304)
   Abschnitt 2: Gestaltung rechtsgeschäftlicher Schuldverhältnisse
                  durch Allgemeine Geschäftsbedingungen (§§ 305 – 310)
   Abschnitt 3: Schuldverhältnisse aus Verträgen (§§ 311 – 360)
   Abschnitt 4: Erlöschen der Schuldverhältnisse (§§ 362 – 397)
   Abschnitt 5: Übertragung einer Forderung (§§ 398 – 413)
   Abschnitt 6: Schuldübernahme (§§ 414 – 418)
   Abschnitt 7: Mehrheit von Schuldnern und Gläubigern (§§ 420 – 432)
   Abschnitt 8: Einzelne Schuldverhältnisse (§§ 433 – 853)
                  (Besonderer Teil des Schuldrechts)

Buch 3: Sachenrecht (§§ 854 – 1296)
Buch 4: Familienrecht (§§ 1297 – 1921)
Buch 5: Erbrecht (§§ 1922 – 2385)

Das Schuldrecht ist der innerhalb und außerhalb des BGB zu findende Teil des Privatrechts, der die Schuldverhältnisse regelt. Es bestimmt das schuldrechtliche Verhältnis zwischen zwei oder mehr Personen. Neben seiner Auffang- und Klammerwirkung für die nachfolgenden Regeln des BGB hat das Allgemeine Schuldrecht daher auch für das **Sonderprivatrecht** Bedeutung, das in eigenständigen Gesetzen geregelt ist. Zu nennen ist hier beispielsweise das Handelsrecht (HGB), das Recht der Versicherungsverträge (VVG) und das Arbeitsrecht. Das Schicksal all dieser Verträge richtet sich nach den §§ 241 – 432 BGB, wenn die jeweiligen Spezialgesetze keine Ausnahmen enthalten. Daneben gelten die Regeln des Allgemeinen Schuldrechts über § 62 S. 2 VwVfG auch für öffentlich-rechtliche Verträge entsprechend.

Im vorliegenden *leicht gemacht*®-Buch werden die Themen des Allgemeinen Schuldrechts wie folgt gegliedert:

Teil I beschäftigt sich mit dem Schuldverhältnis

Teil II handelt von der Erfüllung und ihren Surrogaten

Teil III behandelt die Leistungsstörungen

Teil IV beschäftigt sich mit der Einbeziehung von Dritten

Teil V befasst sich mit der Anpassung und Beendigung von Schuldverhältnissen

Das Recht des Verbraucherschutzes und die Regeln über Allgemeine Geschäftsbedingungen werden in diesem Buch nur am Rande besprochen. Sie stehen zwar im Allgemeinen Schuldrecht, gehören aber systematisch in den Allgemeinen Teil des BGB, da sie für alle Verträge gelten. Ausführliche Erläuterungen zu diesen beiden Punkten finden Sie daher im Buch Allgemeiner Teil des BGB – *leicht gemacht*®.

Schuldverhältnis im engeren und im weiteren Sinne

Das BGB verwendet den Begriff „Schuldverhältnis" in zweifacher Weise. Zum einen ist damit der Anspruch beziehungsweise die Forderung gemeint, also das Recht, von einem anderen ein Tun oder Unterlassen zu verlangen (§ 194 I BGB). Diese Bedeutung findet sich etwa in § 241 I S. 1 BGB, nach dem der Gläubiger kraft des Schuldverhältnisses berechtigt ist, von dem Schuldner eine Leistung zu fordern. Gleiches gilt auch für § 364 I BGB. Danach erlischt das Schuldverhältnis, wenn der Gläubiger eine andere als die geschuldete Leistung an Erfüllungs statt annimmt. Auch hier meint der Gesetzgeber den Anspruch auf die geschuldete Leistung, der erlöschen soll. In dieser Bedeutung wird vom Schuldverhältnis im engeren Sinne gesprochen (auch Forderung, Verpflichtung oder Verbindlichkeit).

Zum anderen steht der Begriff Schuldverhältnis im BGB für das Schuldverhältnis im weiteren Sinne. Damit ist die schuldrechtliche Gesamtbeziehung zwischen zwei oder mehreren Personen mit allen darin enthaltenen Ansprüchen und sonstigen Rechten gemeint. Zu den Bestandteilen eines solchen Schuldverhältnisses gehören zumeist nicht nur die Hauptpflichten, die das Rechtsgeschäft prägen, wie etwa die Pflicht des Verkäufers zur Übergabe und Übereignung nach § 433 I BGB, sondern auch Nebenpflichten und Gestaltungsrechte. Nebenpflichten können sich beispielsweise aus besonderen gesetzlichen Vorschriften, aus dem Inhalt der Vereinbarung oder aus der Natur der vertraglichen Vereinbarung unter Berücksichtigung der Grundsätze von Treu und Glauben ergeben. Eine solche Nebenpflicht ist etwa die Schutzpflicht, nach der alles zu unterlassen ist, was das neben der Leistung selbst bestehende Integritätsinteresse (Interesse am Erhalt seiner Rechtsgüter) des anderen verletzt (vgl. dazu Lektion 9).

Die Verwendung des Begriffs „Schuldverhältnis" für das Schuldverhältnis im weiteren Sinne findet sich beispielsweise in § 273 I BGB. Danach gilt: Hat der Schuldner aus demselben rechtlichen Verhältnis, auf dem seine Verpflichtung beruht, einen fälligen Anspruch gegen den Gläubiger, so kann er, sofern sich nicht aus dem Schuldverhältnis ein anderes ergibt, die geschuldete Leistung verweigern, bis die ihm gebührende Leistung bewirkt wird.

Um Schuldverhältnisse im weiteren Sinne handelt es sich auch bei den im Besonderen Schuldrecht des BGB speziell aufgeführten Typenverträgen, wie dem Kauf-, Miet-, Werk- oder Maklervertrag. Mehr zu diesen Verträgen finden Sie im Buch Schuldrecht BT – leicht gemacht®.

Entscheidend ist: Ob eine Vorschrift mit dem von ihr verwendeten Wort „Schuldverhältnis" den einen oder anderen Inhalt verbindet, ist nach dem Regelungszweck der jeweiligen Norm zu bestimmen.

Fall 3
Jans Schwester Katrin, seit ihrer frühen Kindheit Pferdenärrin, kauft von Volker telefonisch und damit ungesehen eines seiner beiden schwarzen Fohlen zum Preis von 2000 €. Beide vereinbaren, dass Katrin am nächsten Wochenende zu Volker kommen, sich dort ein Fohlen aussuchen und dieses dann auch gleich mitnehmen soll.

Durch die Vereinbarung wird im Fall 3 ein Schuldverhältnis im weiteren Sinne begründet (§ 311 I BGB). Es enthält mehrere Ansprüche und weitere Rechte. Der Kaufvertrag verpflichtet Katrin gemäß § 433 II BGB zur

Zahlung des Kaufpreises von 2000 €. Außerdem hat Volker gegen Katrin einen Anspruch auf Abnahme des Fohlens. Er hat also ein Recht darauf, dass er nicht weiter für die Versorgung des Pferdes verantwortlich ist. Katrin hat dagegen gemäß § 433 I S. 1 BGB einen Anspruch gegen Volker auf Übergabe und Übereignung des Pferdes. Das Kaufvertragsverhältnis zwischen beiden ist demnach das Schuldverhältnis im weiteren Sinne, das mehrere Schuldverhältnisse im engeren Sinne beinhaltet. Neben diesen, im Abschnitt zum Kaufvertrag speziell geregelten, Hauptpflichten enthält das Schuldverhältnis im weiteren Sinne noch zusätzliche Nebenpflichten. Auf solche verweist etwa der im Allgemeinen Teil des Schuldrechts stehende § 241 II BGB. Hiervon ist etwa die allgemeine Rücksichtnahmepflicht erfasst. Auch diese Verpflichtung, die wiederum vor die Klammer gezogen wurde, kann also bei allen Arten von Schuldverhältnissen im weiteren Sinne vorkommen.

Übersicht 1: Schuldverhältnis im engeren und weiteren Sinne

Der Begriff Schuldverhältnis besitzt im BGB zwei unterschiedliche Bedeutungen

Schuldverhältnis im **weiteren** Sinne	Schuldverhältnis im **engeren** Sinne
– rechtliche **Sonderverbindung** zwischen bestimmten Personen, die Rechte begründet und Pflichten auferlegt	– **einzelner** aus der Sonderverbindung erwachsender **Anspruch**
– Kann aus einer Vielzahl von Einzelforderungen und anderen Rechten bestehen	– Besteht nur aus einem Anspruch im Sinne von § 194 I BGB
– So z.B. verwendet in § 273 BGB	– So z.B. verwendet in §§ 241 I S. 1 und 364 I BGB

Das Schuldverhältnis im weiteren Sinne kann unter anderem aus mehreren Schuldverhältnissen im engeren Sinne bestehen.

Neben den genannten Ansprüchen beinhaltet das vorliegende Schuldverhältnis im weiteren Sinne noch eine zusätzliche Rechtsfigur. Nach dem Telefonat ist es nämlich noch völlig unklar, welches Pferd Volker letztlich an Katrin übereignen wird. Es werden mehrere Leistungen (zwei Fohlen) in der Weise geschuldet, dass nur eine der Leistungen (ein Fohlen) zu bewirken ist.

Zwischen Volker und Katrin wurde demzufolge eine Wahlschuld gemäß § 262 BGB vereinbart. Bei dem Wahlrecht handelt es sich um ein Gestaltungsrecht, das seinen Inhaber in Ausnahme zum Vertragsprinzip des § 311 I BGB die Möglichkeit zur einseitigen Einwirkung auf das Schuldverhältnis verschafft. In Lektion 6 findet sich eine Vertiefung des Themenkomplexes unbestimmte Leistungspflichten.

Lektion 2: Grundprinzipien

Relativität der Schuldverhältnisse

▰ Fall 4

Katrin darf gelegentlich das Rennrad ihres Bruders für sportliche Ausflüge nutzen und hat zu diesem Zweck sogar einen eigenen Schlüssel zu Jans Fahrradkeller erhalten. Als sie eines Tages bemerkt, dass sie für die Bezahlung ihres Pferdes dringend Geld benötigt, verkauft sie das Rennrad ohne Mitwirkung und Einverständnis ihres Bruders an ihren Freund Klaus. Eine Übereignung findet noch nicht statt. Gegen wen hat Klaus jetzt einen Übereignungsanspruch? Muss Jan tatsächlich befürchten, dass er sein geliebtes Rennrad nun an Klaus verliert?

Für die Lösung von Fall 4 kommt es auf die sogenannte Relativität der Schuldverhältnisse an. Diese besagt, dass ein zwischen zwei Personen bestehendes Schuldverhältnis grundsätzlich keine Auswirkung auf die Rechtsbeziehung einer dieser Personen zu einer anderen, an diesem Schuldverhältnis unbeteiligten Person hat (keine Außenwirkung). Die besonderen Ausnahmen werden dann in Lektion 13 behandelt. Im vorliegenden Fall bewirkt die Relativität der Schuldverhältnisse, dass Klaus nur gegen Katrin einen Anspruch auf Übereignung hat, denn schließlich kam es nur zwischen diesen beiden zu einer Einigung. Jan war dagegen am Vertragsschluss überhaupt nicht beteiligt und kann daher auch nicht verpflichtet werden. Mit dem im Schuldrecht des BGB umfassend verwirklichten Prinzip der Privatautonomie wäre ein solcher Vertrag zulasten Dritter nämlich grundsätzlich unvereinbar. Der Einzelne muss seine privaten Rechtsverhältnisse selbstbestimmt gestalten können.

Die fehlende Mitwirkung des Eigentümers verhindert jedoch nicht, dass sich Katrin als Vertragspartner des Verpflichtungsgeschäfts selbst wirksam zu Übereignung und Übergabe verpflichtet hat. Soweit sie nicht willens oder in der Lage ist, diese Verpflichtung zu erfüllen, ist sie zum Schadensersatz verpflichtet. Der Übereignungsanspruch richtet sich ausschließlich gegen Katrin als Versprechende. Jan braucht hingegen nicht zu befürchten, dass er sein geliebtes Rennrad gegen seinen Willen hergeben muss.

Leitsatz 1

Relativität des Schuldverhältnisses

Der schuldrechtliche Anspruch gibt dem Gläubiger ein Recht auf Leistung nur gegen eine **bestimmte Person**. Die Forderung ist demzufolge ein relatives Recht, das regelmäßig **nur der Schuldner** verletzen kann.

Abzugrenzen sind relative Rechte von absoluten Rechten, wie sie etwa das Sachenrecht des BGB (drittes Buch, §§ 854–1296) enthält. Dazu gehört beispielsweise das Eigentum, das ein eigenes Nutzungs- und Verwertungsrecht aber auch einen Abwehranspruch gegen jedermann begründet. Jan kann kraft seiner Eigentümerstellung von jeder anderen Person verlangen, dass diese eine Beschädigung seines Rennrads unterlässt. Ebenso hat er als Eigentümer das Recht, jeden anderen von der Benutzung auszuschließen. Er darf also auch von Katrin den Schlüssel herausverlangen und ihr für die Zukunft jegliche Nutzung untersagen. Hier ist es nicht erforderlich, dass zwischen dem Eigentümer und dem Dritten ein vertragliches Verhältnis besteht. Im Fall absoluter Rechte bedarf es schließlich gerade keiner Sonderbeziehung zu einer anderen Person. Davon zu unterscheiden ist aber die Möglichkeit, durch ein Schuldverhältnis absolute Rechte gegenüber bestimmten Personen zu beschränken und damit zu relativieren.

Fall 5

Hauseigentümer Herbert muss aus dienstlichen Gründen umziehen. Da die Immobilienpreise derzeit viel zu niedrig sind, entschließt er sich, mit dem Verkauf seines Hauses noch etwas zu warten und es in der Zwischenzeit an Jan zu vermieten.

Der Mietvertrag ändert nichts an der Eigentümerstellung von Herbert. Im Verhältnis zu seinem Mieter sind seine Abwehrrechte allerdings beschränkt. Der schuldrechtliche Mietvertrag verhindert es beispielsweise, dass Herbert Jan kraft seiner Eigentümerstellung am Betreten des Hauses hindern kann. Durch das zwischen ihnen bestehende Schuldverhältnis hat sich Herbert im Verhältnis zu Jan selbst in seinen Eigentümerrechten beschränkt. Das gilt gleichfalls für die Nutzungsmöglichkeit, die er gegenüber seinem Mieter aufgegeben hat. Diese Beschränkungen sind jedoch allesamt relativ und wirken grundsätzlich nur im Verhältnis zu Jan.

Gegenüber Dritten kann er also auch weiterhin Abwehrrechte geltend machen, wenn diese etwa ohne sein Einverständnis an der Hauswand Plakate aufhängen.

Das BGB enthält selbst an einigen Stellen Durchbrechungen dieses Relativitätsgrundsatzes. Wenig bekanntes, aber in der Praxis sehr bedeutsames, Beispiel ist der verbraucherschützende § 359 S. 1 BGB, der einen Einwendungsdurchgriff gewährt. Konkret bewirkt er etwa, dass ein Verbraucher bei sogenannten verbundenen Verträgen die Einwendungen aus dem Kaufvertrag mit einem Autohändler dem Darlehensgeber, der diesen Kauf finanziert hat, entgegenhalten kann, obwohl es sich um zwei selbständige Verträge handelt. Vertieft wird dieser zum Schuldrecht gehörende Teil des Verbraucherschutzrechts in Lektion 16.

Ein zwar praktisch weniger bedeutsames aber dafür auch ohne Vorkenntnisse leichter nachvollziehbares Beispiel für die Durchbrechungen des Relativitätsgrundsatzes finden Sie in § 604 IV BGB (lesen!). Danach kann der Verleiher eine Sache nach der Beendigung der Leihe auch von jedem Dritten zurückfordern, wenn sie dem Dritten vom Entleiher überlassen wurde. Das erscheint dem Laien zu Recht logisch und konsequent. Aus rechtlicher Sicht ist diese gesetzliche Konstruktion aber sehr folgenschwer, da aus dem eigentlich nur zwischen Verleiher und Entleiher geschlossenen Vertrag ein Anspruch gegen einen an diesem Vertragsschluss unbeteiligten Dritten abgeleitet wird.

Trennungs- und Abstraktionsprinzip

Eng mit dem Grundsatz der Relativität der Schuldverhältnisse verknüpft ist das Trennungs- und Abstraktionsprinzip. Was es damit auf sich hat, verdeutlichen die nachfolgenden Fälle.

Fall 6

Jan möchte nach dem Vorfall sein Rennrad nicht mehr an Katrin verleihen. Da sie aber seine Schwester ist, verkauft er ihr am Montag besonders preisgünstig sein gebrauchtes Zweitfahrrad. Dieses steht noch bei ihm zu Hause im Keller. Am Dienstag bringt er es zu Katrin und übergibt es ihr. Wann ist Katrin Eigentümerin des Fahrrads geworden? Wie ist die Rechtslage, wenn Katrin entweder am Montag oder Dienstag volltrunken war?

Für die Lösung von Fall 6 müssen Sie zunächst das Trennungs- und Abstraktionsprinzip kennenlernen und verstehen. Das Trennungsprinzip besagt, dass Verpflichtungs- und Verfügungsgeschäft (Vollzugsgeschäft) keine Einheit bilden, sondern rechtlich voneinander zu trennen sind. Das gilt selbst dann, wenn beide tatsächlich auf einem einheitlichen Lebenssachverhalt beruhen. Wenn Sie also beispielsweise beim Bäcker ein Brötchen kaufen, dann liegt nach erstem Anschein zwar ein einheitliches Geschehen vor. Juristisch handelt es sich aber um insgesamt drei Verträge, die voneinander zu trennen sind. Zunächst haben Sie nämlich einen Kaufvertrag über das Brötchen geschlossen (Verpflichtungsgeschäft) und damit gegenseitige Pflichten gemäß § 433 BGB begründet. Im Anschluss daran wurden einerseits das geschuldete Geld und im Gegenzug die Brötchen übergeben und übereignet. Bei diesen zwei Übereignungen handelt es sich um die beiden Verfügungsgeschäfte.

Das Abstraktionsprinzip baut auf dem Trennungsprinzip auf und besagt, dass Verpflichtungs- und Verfügungsgeschäft nicht nur zu trennen, sondern auch in ihrem rechtlichen Bestand voneinander unabhängig sind. Wirksamkeitsmängel, die eines der beiden betreffen, sind für das andere grundsätzlich unbeachtlich.

Im Fall 6 führt das Trennungsprinzip dazu, dass Katrin am Montag gegen Jan nur einen Anspruch gemäß § 433 I S. 1 BGB auf Übergabe und Übereignung hat. Eigentümerin des Fahrrads ist sie durch den Kaufvertrag jedoch nicht geworden. Das geschah erst am Dienstag, als die nach § 929 BGB erforderliche Übergabe und konkludente Einigung über den Eigentumsübergang erfolgte.

War Katrin in der ersten Abwandlung am Montag volltrunken, dann war ihre Willenserklärung im Rahmen des Kaufvertrags gemäß § 105 II BGB (lesen!) nichtig. Ein Anspruch von Katrin gegen Jan auf Übereignung wurde damit niemals begründet. Das Abstraktionsprinzip führt hier aber dazu, dass die Übereignung vom Dienstag durch den Mangel im Rahmen des Verpflichtungsgeschäfts nicht berührt wird. Katrin wurde also Eigentümerin des Fahrrads. Allenfalls steht Jan ein bereicherungsrechtlicher (§§ 812 ff. BGB) Rückgabeanspruch gegen Katrin zu. Wenn Katrin dagegen bei Abschluss des Kaufvertrags nüchtern und erst bei der Übereignung volltrunken war, so ist der Kaufvertrag wirksam, die Übereignung dagegen nach § 105 II BGB nichtig. In diesem Fall ist Katrin noch nicht Eigentümerin des Fahrrads geworden. Der aus dem Kaufvertrag stammende Anspruch auf Übereignung wird jedoch durch den Mangel im Verfügungsgeschäft nicht berührt. Katrin kann also von Jan weiterhin Übereignung des Fahrrads verlangen.

Leitsatz 2

Trennungs- und Abstraktionsprinzip

Das **Trennungsprinzip** besagt, dass Verpflichtungs- und Verfügungsgeschäft keine Einheit bilden, sondern rechtlich voneinander zu trennen sind.

Nach dem **Abstraktionsprinzip** sind Verpflichtungs- und Verfügungsgeschäft zudem auch in ihrem rechtlichen Bestand voneinander unabhängig.

Versuchen Sie nun, die gelernten Grundsätze von der Relativität der Schuldverhältnisse und die Erkenntnisse aus dem Trennungs- und Abstraktionsprinzip gemeinsam anzuwenden und lösen Sie die beiden folgenden Fälle.

 **Fall 7**

Viktor verkauft an Jan am 01.04. ein Notebook für 2.000 €. Das Notebook soll am 02.04. geliefert und bezahlt werden. In der Nacht vom 01. zum 02.04. stiehlt ein Dieb das Notebook bei Viktor, beschädigt es beim Transport und überlässt es dann dem Barkeeper seiner Stammkneipe, dem er zuvor am Tresen die gesamte Geschichte erzählt hat. Wer kann vom Barkeeper Herausgabe des Notebooks und vom Dieb Schadensersatz wegen der Beschädigung verlangen?

Fall 8

Kurz nachdem Volker eines seiner beiden Fohlen für 2.000 € an Katrin verkauft hatte, meldete sich Kutscher Kurt bei ihm und erklärte, dass er beide Fohlen gern als Zugpferde ausbilden und zu diesem Zweck für insgesamt 5.000 € erwerben möchte. Nachdem ihm Volker mit Bedauern von dem Telefonat mit Katrin erzählt hatte, erhöhte Kurt sein Gebot auf 6.000 €. Nun kann Volker nicht länger widerstehen und willigt ein. Wem schuldet Volker die Übereignung seiner Pferde? Wie wirkt es sich aus, wenn er die beiden Fohlen sofort an Kurt übereignet hat?

Im Fall 7 bewirkt die Relativität der Schuldverhältnisse, dass der Käufer eines noch nicht übergebenen Notebooks keine Rechte gegenüber demjenigen hat, der es stiehlt und beschädigt. Jan kann jedenfalls keine Rechte am Notebook geltend machen, da es ihm noch nicht übergeben wurde. Vor der Übergabe hat Viktor das Recht, vom Barkeeper die Herausgabe und vom Dieb Schadensersatz wegen der Beschädigung des Notebooks zu verlangen. Er ist schließlich noch Eigentümer.

Dem Käufer steht zu diesem Zeitpunkt also lediglich ein Forderungsrecht aus dem Kaufvertrag gegenüber dem Verkäufer zu. Das ergibt sich aus § 433 I S. 1 BGB. Er ist nicht befugt, das Notebook ohne oder gar gegen den Willen des Verkäufers Viktor aus dessen Wohnung zu holen. Jan hat also im Fall 7 nur ein Forderungsrecht gegenüber Viktor. Anderes würde dann gelten, wäre das Notebook erst am Abend des 02.04. nach der Übereignung bei Jan gestohlen worden. In diesem Fall hätte er gegen Viktor aufgrund eingetretener Erfüllung kein Forderungsrecht mehr. Er könnte aber als Eigentümer vom Barkeeper Herausgabe des Notebooks und vom Dieb Schadensersatz wegen der Beschädigung verlangen.

Im Fall 8 bestehen zwei Kaufverträge nebeneinander. Das liegt daran, dass durch das Verpflichtungsgeschäft nicht auf die dingliche Rechtslage eingewirkt wird. Der Übereignungsanspruch ist nur die Folge eines auf eine zukünftige Handlung gerichteten Versprechens. So wie aber auch im „normalen Leben" mehreren Personen das Gleiche versprochen werden kann, ist auch im Rechtsleben eine mehrfache Verpflichtung möglich. Der sich mehrfach Verpflichtende geht dabei aber das Risiko ein, sich gegenüber seinen Vertragspartnern schadensersatzpflichtig zu machen.

Im Gegensatz dazu scheidet eine doppelte Verfügung grundsätzlich aus. Da eine geschuldete Sache naturgemäß mit der Übertragung an eine andere Person aus dem Vermögen des Verfügenden ausscheidet, kann dieser sie nicht erneut übertragen. Wird das trotzdem versucht, so gilt der Prioritätsgrundsatz. Dieser besagt, dass die erste Verfügung vor späteren Verfügungen Vorrang genießt. Es gilt der alte, schon dem Sachsenspiegel (um 1230 n.Chr.) bekannte Grundsatz, „wer zuerst kommt, mahlt zuerst!" Ausnahmen von diesem Grundsatz können sich jedoch aus den Vorschriften des BGB zum guten oder öffentlichen Glauben ergeben. Solche finden Sie beispielsweise in den §§ 932 ff., 891 ff. und 2365 ff. BGB. Für die Abwandlung zu Fall 8 bedeutet das, dass beide Fohlen mit der sofortigen Übereignung an Kurt aus dem Vermögen von Volker ausgeschieden sind. Eine zeitlich nachfolgende Übereignung an Katrin ist damit grundsätzlich ausgeschlossen.

Das Trennungs- und Abstraktionsprinzip gehört zu den fundamentalen Grundregeln des deutschen Zivilrechts. Erst wenn Sie sicher sind, dass Sie es wirklich verstanden haben, sollten Sie sich den folgenden Ausnahmen zuwenden. Diese zu beherrschen ist nämlich nur die Kür in einer juristischen Arbeit, die ohne die Pflicht (Grundsatz vom Trennungs- und Abstraktionsprinzip) wertlos bleibt.

Die wohl bekannteste Abweichung vom Trennungs- und Abstraktionsprinzip ist die sogenannte Fehleridentität. Bei dieser handelt es sich jedoch genau genommen nur um eine unechte Ausnahme. Von Fehleridentität wird gesprochen, wenn ein Fehler beide Geschäfte betrifft. Das ist etwa der Fall, wenn Katrin im Fall 6 am Montag und Dienstag betrunken war. Hier wären beide Geschäfte nach § 105 II BGB nichtig. Gleiches gilt beispielsweise auch für die Nichtigkeitsgründe der §§ 119 ff. i.V.m. 142 I, 125, 134 und 138 BGB. Im Grunde überprüfen sie hier aber das Verpflichtungs- und das Verfügungsgeschäft gesondert nach Fehlern. Das Trennungs- und Abstraktionsprinzip wird daher bei genauem Hinsehen überhaupt nicht berührt.

Eine weitere und in diesem Fall auch echte Ausnahme vom Trennungs- und Abstraktionsprinzip kann vorliegen, wenn die teilweise als unnatürliche empfundene Unterscheidung beider Geschäfte dem Parteiwillen offenkundig widerspricht. Sofern es sich in diesem Fall um kein bedingungsfeindliches Rechtsgeschäft handelt (bedingungsfeindlich ist z.B. die Auflassung nach § 925 II BGB), können Verpflichtungs- und Verfügungsgeschäft durch eine Bedingung gemäß § 158 BGB miteinander verbunden werden. Die Wirksamkeit des einen wäre dann die Bedingung des jeweils anderen Geschäfts. In Extremfällen ist nach Ansicht der Rechtsprechung zudem an eine entsprechende Anwendung von § 139 BGB zu denken. Danach ist bei Teilnichtigkeit eines Rechtsgeschäfts im Zweifel davon auszugehen, dass das ganze Rechtsgeschäft nichtig ist. Genau genommen ist die Norm jedoch nach ihrem Wortlaut unpassend, da dieser von „einem Rechtsgeschäft" spricht. Außerdem ist es eher zweifelhaft, dass der Gesetzgeber mit § 139 BGB tatsächlich das Trennungs- und Abstraktionsprinzip als Fundament des deutschen Zivilrechts durchbrechen wollte. Sie sollten diese Ausnahme in der Falllösung also nur äußerst zurückhaltend verwenden.

Eine weitere und praktisch deutlich häufiger auftretende Einschränkung des Abstraktionsprinzips folgt aus den sogenannten Heilungsvorschriften des BGB. Diese finden sich sowohl im Allgemeinen als auch im Besonderen Schuldrecht. Sie lösen das Abstraktionsprinzip auf, indem Sie ein aufgrund von Formmängeln nichtiges Verpflichtungsgeschäft wirksam werden lassen, wenn das Verfügungsgeschäft getätigt wurde. Solche Heilungsvorschriften enthalten beispielsweise der § 311b I S. 2 für Verträge über Grundstücke und der § 518 II BGB für den Schenkungsvertrag. Die für diese Verträge geforderte notarielle Beurkundung dient der Warnung des zukünftigen Schuldners. Er soll sich den Umfang und das Ausmaß seiner Verpflichtung bewusst machen. Aus diesem Grund ist ein entgegen dieser Vorgabe getätigtes Rechtsgeschäft gemäß § 125 BGB nichtig.

Lesen Sie die Norm und vermeiden Sie einen „beliebten" Klausurfehler! Die Nichtigkeit folgt immer aus § 125 BGB und nicht aus der Formvorschrift selbst.

Wenn das Versprechen allerdings bereits vollzogen wurde, dann hatte der Schuldner bereits ein zweites Mal die Möglichkeit gehabt, über die Ernsthaftigkeit seines Versprechens nachzudenken. In diesem Fall soll der Gläubiger die Leistung auch mit Rechtsgrund behalten dürfen. Dazu wird das Verpflichtungsgeschäft geheilt.

Abschließend ist der Vollständigkeit halber darauf hinzuweisen, dass die Rechtsprechung das Trennungs- und Abstraktionsprinzip gelegentlich durchbrochen hat, um rechtspolitisch ungewünschte Ergebnisse zu korrigieren und beispielsweise Minderjährige besonders intensiv zu schützen. Für den bekanntesten Fall des Grundstückserwerbs durch einen Minderjährigen hat der BGH diesen Weg aber inzwischen wieder aufgegeben.

Unterschied zwischen Schuld und Haftung

Sowohl im allgemeinen Sprachgebrauch als auch im BGB selbst wird nicht immer klar zwischen den Begriffen Schuld und Haftung unterschieden. Das ist einerseits auf den gemeinsamen entstehungsgeschichtlichen Hintergrund und anderseits auf den Umstand zurückzuführen, dass sich beide zumindest im tatsächlichen Bereich vielfach überlagern. Wenn Sie im Gesetz auf eine ungenaue Verwendung der Begriffe stoßen, so wird es sich dabei regelmäßig um die Haftung handeln, wo eigentlich der Begriff Schuld geboten wäre. Der Gesetzgeber versucht auf diese Weise, Wortwiederholungen zu vermeiden. Im BGB können Sie das beispielsweise in den §§ 276 und 769 BGB entdecken. In § 769 BGB müsste es daher eigentlich heißen: „Verbürgen sich mehrere für dieselbe Verbindlichkeit, so schulden sie als Gesamtschuldner". Der Bürge schuldet (§ 765 I BGB) und haftet. Trotz der genannten Überlagerung ist es wichtig, klar zu unterscheiden. Die Haftung wird nämlich regelmäßig immer erst dann relevant, wenn die Abwicklung der Schuld in irgendeiner Weise gestört ist.

In Lektion 1 haben Sie sich bereits mit dem Anspruch im Sinne von § 194 I BGB, also dem Recht, von einem anderen ein Tun oder Unterlassen verlangen zu können, auseinandergesetzt. Die Schuld ist der Gegenspieler zu diesem Anspruch. Das, was der Gläubiger verlangen kann, ist dasselbe, wozu der Schuldner verpflichtet ist. Als Schuldner kommt stets nur ein Rechtssubjekt in Betracht. Dabei kann es sich um eine natürliche (also ein Mensch) oder eine juristische Person (z.B. AG oder GmbH) handeln. Eine Sache ist dagegen nur Rechtsobjekt und scheidet daher als Schuldner aus. Auch das ergibt sich bereits aus dem Anspruchsbegriff, den Sie kennengelernt haben. Es ist schließlich unvorstellbar, von einer Sache ein Tun oder Unterlassen zu verlangen.

Davon abzugrenzen ist der Begriff der Haftung, mit der das Unterworfensein des Schuldners unter den zwangsweisen Zugriff des Gläubigers gemeint ist. Sie dient der Realisierung des Gläubigerinteresses, die nur möglich ist, wenn die in Anspruch genommene Person oder zumindest eine andere auch haftet. Das ist im Regelfall unproblematisch. Im Fall 8 schuldet Katrin nicht nur den Kaufpreis von 2000 €, sondern haftet dafür auch mit ihrem Vermögen. Möchte oder kann Katrin nicht bezahlen, so kann Volker in dieses Vermögen die Zwangsvollstreckung zu betreiben. Er kann also beispielsweise das Auto von Katrin verwerten, um dadurch an sein Geld zu gelangen.

Es gilt der Grundsatz: Keine Schuld ohne Haftung. Das heißt, jede Forderung ist grundsätzlich prozessual einklagbar und vollstreckbar.

Zu den Begriffen Schuld und Haftung nun der Leitsatz 3:

Leitsatz 3
Schuld und Haftung

▶ **Schuld** ist das Leistensollen des Schuldners (verpflichtet sein = Verbindlichkeit = Leistungspflicht).

▶ Demgegenüber bedeutet **Haftung** das Unterworfensein des Schuldners unter den zwangsweisen Zugriff des Gläubigers.

Fall 9
Jan fuhr mit seinem Fahrrad unachtsam in eine unbeschilderte Kreuzung ein und kollidierte dort mit dem von rechts kommenden Radfahrer Rudi. Dabei wurde das Fahrrad von Rudi stark beschädigt und die dadurch erforderlichen Reparaturkosten belaufen sich auf 60 €. Gegen wen hat Rudi einen Anspruch und wer haftet?

Im Fall 9 trafen Jan und Rudi rein zufällig aufeinander; zwischen ihnen bestand keine Sonderbeziehung (insbesondere kein Vertrag). Da Jan aber fahrlässig i.S.v. § 276 II BGB (vgl. dazu Lektion 9) handelte, hat Rudi gegen ihn einen deliktischen Anspruch auf Schadensersatz. Dieser Anspruch folgt jedenfalls auch aus § 823 I BGB (lesen!). Jan ist demnach Schuldner und Rudi Gläubiger des Schadensersatzanspruchs. Wie oben haftet Jan als natürliche Person zugleich mit seinem Vermögen.

Abweichend von diesem Regelfall ist es möglich, dass Schuld und Haftung auseinanderfallen. Der erste denkbare Fall ist die Haftung ohne Schuld. Dabei handelt es sich um das Einstehenmüssen für die Realisierung einer gegen eine andere Person gerichteten Forderung. Im BGB findet sich diese Konstellation unter anderem bei der Sachhaftung der Pfandrechte.

Fall 10
Jan braucht dringend Geld. Da er der B-Bank keine Sicherheiten bieten kann, überredete er seinen Freund Fritz, ihm auszuhelfen. Dieser bestellt zugunsten der B-Bank eine Hypothek an seinem Grundstück, die daraufhin die Darlehensvaluta an Jan auszahlt. Wer ist Schuldner des Darlehensrückzahlungsanspruchs und wer haftet dafür?

Gemäß § 488 II BGB ist Jan im Fall 10 verpflichtet, das zur Verfügung gestellte Darlehen bei Eintritt der Fälligkeit an die B-Bank zurückzuzahlen.

Er ist Schuldner des Rückzahlungsanspruchs. Gleichzeitig haftet er dafür auch mit seinem Vermögen und ist insoweit schlimmstenfalls dem Vollstreckungszugriff der Bank ausgesetzt. Haftung und Schuld decken sich bei ihm. Fritz ist dagegen nicht zur Zahlung verpflichtet. Er ist nicht Partei des Darlehensvertrags und daher auch nicht persönlicher Schuldner geworden. Von ihm kann die Bank aus diesem Grund keine Zahlung verlangen. Wenn es allerdings zum Sicherungsfall kommt, etwa weil Jan außer Stande ist, die Darlehenssumme zurückzuzahlen, haftet Fritz aufgrund der Hypothek gemäß § 1147 BGB mit seinem Grundstück. Es handelt sich also um einen Fall der Haftung ohne Schuld. Das Einstehenmüssen ist dabei aber auf die Sachhaftung beschränkt. Im Gegensatz zu Jan haftet Fritz daher nicht mit seinem weiteren persönlichen Vermögen.

Eine andere Variante des Auseinanderfallens von Haftung und Schuld ist die Situation der Schuld ohne Haftung. Diese ist gegeben, wenn die Schuld zwar erfüllt, die Erfüllung vom Gläubiger aber nicht erzwungen werden kann. Da die Schuld also nicht einklagbar oder zumindest nicht vollstreckbar ist, spricht man von einer natürlichen Verbindlichkeit oder Naturalobligation.

Ein Fall der Schuld ohne Haftung kann beispielsweise eintreten, wenn die Haftung vertraglich oder gesetzlich beschränkt ist.

Fall 11

Der 90jährige Berthold verstirbt unverheiratet und hoch verschuldet (1.000.000 € aus einem Darlehensvertrag mit der B-Bank). Seine einzige Enkelin Claudia wird Alleinerbin. Bei der Besichtigung des Nachlasses stellt sich heraus, dass dieser „nur" aus einem Sparguthaben im Wert von insgesamt 200.000 € besteht. Daraufhin wird das Nachlassinsolvenzverfahren eröffnet. Ist Claudia Schuldner des Darlehensrückzahlungsanspruchs und in welcher Höhe haftet sie?

Gemäß § 1922 I BGB findet beim Erbgang eine sogenannte Universalsukzession statt. Das heißt, Claudia tritt im Fall 11 als Erbin in alle Rechte und Pflichten des Erblassers ein und wird insoweit auch Schuldner des Rückzahlungsanspruchs. Da der Nachlass aber überschuldet ist und ein Nachlassinsolvenzverfahren eröffnet wurde, beschränkt sich ihre Haftung gemäß § 1975 BGB (lesen!) auf den Nachlass. Obwohl Claudia der Bank also 1.000.000 € schuldet, haftet sie nur bis zur Höhe von 200.000 €.

Einen darüber hinausgehenden Zugriff auf ihr Vermögen braucht sie nicht zu befürchten.

Neben den Fällen der Haftungsbeschränkung gibt es Schuld ohne Haftung auch noch bei den sogenannten unklagbaren bzw. unvollstreckbaren Verbindlichkeiten. Zu den unklagbaren Verbindlichkeiten zählen etwa verjährte Ansprüche. Ihre Existenz wird vom Eintritt der Verjährung nicht betroffen. Sie bestehen also weiterhin fort und sind auch erfüllbar. Der Schuldner ist aber nach § 214 I BGB dauerhaft berechtigt, die Erfüllung zu verweigern. Ähnliches gilt für das Verlöbnis nach §§ 1297 ff. BGB. Das Versprechen eine Ehe einzugehen ist zwar verbindlich und löst bei einer Verletzung Ersatzansprüche nach § 1298 BGB aus. Einklagbar ist die Eingehung der Ehe nach § 1297 I BGB aber nicht.

Um einen Fall der nicht prozessual durchsetzbaren Schuld handelt es sich beim Anspruch auf unvertretbare, also nur vom Schuldner vorzunehmende, Dienste aus einem Dienstvertrag. Zu denken ist hier beispielsweise an einen Opernsänger, der am Abend nicht singen möchte. Er kann gemäß § 888 III ZPO nicht mit Zwang auf die Bühne und dort zum Singen gebracht werden, obwohl er sich wirksam zu dieser Leistung verpflichtet hat. Der Dienstvertrag begründet zwar eine Schuld des Dienstverpflichteten, die im Gegensatz zum verjährten Anspruch auch einklagbar und Schadensersatz bewährt ist. Vollstrecken lässt sie sich jedoch nicht.

Von den Fällen der Schuld ohne Haftung abzugrenzen sind die sogenannten unvollkommenen Verbindlichkeiten im engeren Sinne. Diese unterscheiden sich von der Konstellation einer Schuld ohne Haftung dadurch, dass bereits überhaupt keine Schuld bzw. kein Anspruch besteht, für den jemand haften könnte. Sie finden diese beispielsweise in § 762 I BGB für Spiel- und Wettverträge. Der Inhalt dieser Regel ist rechtspolitisch begründet. Der Gesetzgeber möchte damit einerseits den Schutz vor völlig unabsehbaren und teilweise existenzbedrohenden Risiken gewährleisten und andererseits das staatliche Glücksspielmonopol absichern.

In der folgenden Übersicht finden Sie die wesentlichen Unterschiede zwischen einer Schuld ohne Haftung und einer Haftung ohne Schuld nochmals kurz dargestellt:

Übersicht 2: Schuld und Haftung

Schuld ohne Haftung	Haftung ohne Schuld
Der Schuldner ist zur Leistung verpflichtet, **ohne** einem **zwangsweisen Zugriff** des Gläubigers ausgesetzt zu sein.	Der Haftende ist zwar selbst nicht Schuldner, sein **Vermögen** ist aber dem zwangsweisen **Zugriff** des Gläubigers im Rahmen der Schulddurchsetzung ausgesetzt.
Beispiel: Gesetzliche oder vertragliche Haftungsbeschränkungen; unklagbare oder unvollstreckbare Verbindlichkeiten	**Beispiel**: Sachhaftung der Pfandrechte

Lektion 3: Die Entstehung von Schuldverhältnissen

Rechtsgeschäftliche Schuldverhältnisse

Schuldverhältnisse entstehen entweder

- ▶ durch Rechtsgeschäft (Rechtsgeschäftliche Schuldverhältnisse)

- ▶ oder aufgrund gesetzlicher Anordnung (gesetzliche Schuldverhältnisse, als Zweites dargestellt)

Vertragliche Schuldverhältnisse

Die rechtsgeschäftlichen Schuldverhältnisse unterteilen sich wiederum in vertragliche Schuldverhältnisse und solche, die auf einem einseitigen Rechtsgeschäft (s. unten) beruhen.

Vertragliche Schuldverhältnisse sind eine Untergruppe und zugleich der Regelfall der rechtsgeschäftlichen Schuldverhältnisse. Sie entstehen durch übereinstimmende Willenserklärungen der beteiligten Personen. Es gilt das Prinzip der Vertragsfreiheit. Diese ist Ausdruck der Privatautonomie, die ihrerseits eine zivilrechtliche Ausformung der in Art. 2 I GG verankerten allgemeinen Handlungsfreiheit darstellt. Rechtssubjekte können danach grundsätzlich jede beliebige Vereinbarung treffen. Solange keine spezielle Norm ein konkretes Geschäft ausschließt, können sie also frei über den Abschluss selbst, den Vertragspartner, die Form und den Inhalt entscheiden. Insoweit wird von Abschluss-, Inhalts- und Formfreiheit bzw. von der Freiheit hinsichtlich des „ob", „was" und „wie" einer vertraglichen Vereinbarung gesprochen.

Der Grundsatz der Vertragsfreiheit gilt allerdings nicht uneingeschränkt: Insbesondere die §§ 305 ff. BGB enthalten Abweichungen von der Vertragsfreiheit zum Schutz des Verbrauchers. Weitere Grenzen der Vertragsfreiheit können sich aus allgemeinen und spezialgesetzlichen Regeln ergeben. Zu den allgemeinen Regeln zählen etwa das Verbot der Sittenwidrigkeit eines Vertrags nach § 138 BGB, die aus § 134 BGB folgende Nichtigkeit eines Rechtsgeschäfts bei Verstoß gegen ein gesetzliches Verbot und die in § 276 III BGB zu findende Anordnung, dass dem Schuldner die Haftung wegen Vorsatzes nicht im Voraus erlassen werden kann. Im Besonderen Teil des Schuldrechts finden sich darüber hinaus weitere Regeln, die jedoch nur das jeweilige besondere Schuldverhältnis betreffen. Beispielhaft kann hier auf § 550 BGB verwiesen werden. Danach kann ein befristeter Mietvertrag über Wohnraum für eine längere Zeit als ein Jahr nur schriftlich geschlossen werden. Anderenfalls gilt er als für unbestimmte Zeit geschlossen. Weitere Grenzen der Vertragsfreiheit können sich auch aus vorhergehenden vertraglichen Abreden (Vorvertrag) ergeben. Wer sich freiwillig bindet, nutzt seine Vertragsfreiheit gerade aus. Er kann sich also bei einem später geänderten Willen insoweit nicht mehr auf das Prinzip der Privatautonomie berufen.

Übersicht 3: Vertragsfreiheit

Abschlussfreiheit

- ▶ Gibt dem Einzelnen die Möglichkeit zu entscheiden, ob er überhaupt und **mit wem** er einen Vertrag abschließt.
- ▶ Die Abschlussfreiheit wird durch das Institut des Abschlusszwangs (**Kontrahierungszwangs**) beschränkt. In bestimmten Fällen besteht die Pflicht, mit einem anderen den von diesem gewünschten Vertrag abzuschließen, sofern nicht wichtige Gründe eine Ablehnung rechtfertigen.

Inhaltsfreiheit

- ▶ Die Vertragsparteien sind frei darin, **was sie** als Inhalt des Vertrags **bestimmen**.
- ▶ Die Freiheit inhaltlicher Gestaltung unterliegt **Schranken**.
  - Im **Familien- und Erbrecht** unterliegen Verträge dem sogenannten Typenzwang. Das bedeutet, sie sind nur statthaft, soweit das Gesetz sie zulässt.
  - Im **Sachenrecht** können durch Verträge nur die Rechte begründet werden, die die Rechtsordnung vorsieht.
  - Im **Schuldrecht** findet die Freiheit inhaltlicher Gestaltung ihre Grenze an den §§ 134, 138 BGB.

Formfreiheit

- ▶ Grundsätzlich kann jeder Vertrag formlos geschlossen werden.
- ▶ Ausnahmsweise besteht ein **Formzwang**, wenn er durch Parteivereinbarung oder Gesetz vorgesehen ist.

Im realen Leben einigen sich die Parteien eines schuldrechtlichen Vertrags regelmäßig nicht über alle Einzelheiten, so dass Lücken entstehen können. Diese werden durch Gesetzesrecht aufgefangen und geschlossen. Soweit dieses lückenfüllende Gesetzesrecht auf alle Schuldverhältnisse anzuwenden ist, zählt es zum allgemeinen Schuldrecht und wurde daher im BGB auch an dieser Stelle eingeordnet. Lesen Sie hierzu die §§ 269, 270, 271 BGB. Diese enthalten Regeln zu Leistungsort und -zeit und liefern uns Antwort darauf, wann und wo der Schuldner seine Leistung zu erbringen hat, wenn nichts anderes vereinbart wurde. Einer konkreten vertraglichen Vereinbarung bedarf es insoweit nicht. Da es sich bei diesen aber nur um Auffangregeln handelt, die nur gelten sollen, wenn die Parteien nichts anderes gewollt haben, können sie regelmäßig vertraglich abbedungen also ausgeschlossen werden. Es handelt sich insoweit um dispositives Gesetzesrecht.

Ergänzende Bedeutung für die zusätzliche Ausfüllung schuldrechtlicher Vertragspflichten und die inhaltlichen Ergänzungen des Schuldvertrags kommt dem in § 242 BGB niedergelegten Grundsatz von Treu und Glauben zu. § 242 BGB regelt seinem Wortlaut nach („so", „wie") nur Art und Weise der geschuldeten Leistung. Bestand und Inhalt (also das „ob" und „was") der Leistungspflicht werden bei wörtlicher Auslegung nicht berührt. Es ist jedoch seit langem anerkannt, dass § 242 BGB eine deutlich über den Wortsinn hinausgehende Bedeutung zukommt. Aus der Vorschrift wird der für das gesamte Rechtsleben beherrschende Grundsatz abgeleitet, dass jedermann in Ausübung seiner Rechte und in der Erfüllung seiner Pflichten nach Treu und Glauben zu handeln hat.

Fall 12
Jan möchte sich endlich ein neues Auto kaufen und seinen alten Wagen dabei wirtschaftlich verwerten. Der alte PKW hat einen Restwert von 2.000 €. Welche Möglichkeiten bestehen für ihn, sein altes Auto „in Zahlung zu geben"?

Fall 13
Jan beabsichtigt, eine neue Waschmaschine zu kaufen und hat sich dazu bereits eine Stunde im Elektrofachmarkt seines Vertrauens ausführlich beraten lassen. Da er nicht nur auf Qualität achtet, sondern zugleich auch preisbewusst ist, schaut er direkt nach dem Gespräch auf der Website eines großen Online-Versandhauses nach den dortigen Angeboten. Dabei entdeckt er, dass das von ihm anvisierte Gerät im Internet (zwar ohne

Beratung, aber die hatte er bereits „offline" erhalten) für 100 € weniger zu haben ist. Stehen einem Onlinekauf rechtliche Bedenken entgegen?

Fall 14
Volker hat sich nun doch entschlossen, sein Fohlen an Katrin zu übereignen. Dies teilt er ihr telefonisch mit. In dem Gespräch verlangt Katrin, die über einen eigenen Pferdeanhänger verfügt, plötzlich, dass Volker ihr das Pferd vorbeibringt. Hat sie ein Recht darauf und würde etwas anderes gelten, wenn Volker ihr das bei Vertragsschluss versprochen hätte?

Fall 15
Katrin fährt 800 km mit dem Auto zu Volker, um das Pferd abzuholen und den Kaufpreis in Höhe von 2.000 € zu bezahlen. Dort angekommen stellt sich heraus, dass sie einen Cent zu wenig für die Entrichtung des Kaufpreises mitgebracht hat. Volker lehnt darauf unter Hinweis auf § 266 BGB die Annahme des Geldes ab. Darf er das?

Im Fall 12 geht es Jan allein darum, seinen alten PKW wirtschaftlich zu verwerten. Die Vertragsfreiheit in Form des Entscheidungsrechts über das „wie" eines vertraglichen Abschlusses stellt ihm dabei die inhaltliche Gestaltung der „Inzahlunggabe" weithin frei. Einerseits ist es ihm möglich, zwei getrennte Kaufverträge über Alt- und Neuwagen abzuschließen, bei denen er einmal als Käufer und einmal als Verkäufer auftritt. Im Anschluss daran könnte er hinsichtlich des Kaufpreisanspruchs gemäß § 387 BGB die Aufrechnung erklären. Alternativ dazu kann er mit dem Händler einen einfachen Kaufvertrag über den Neuwagen schließen und sich zugleich die Möglichkeit einräumen, einen Teil der Kaufpreisforderung durch Leistung an Erfüllungs statt gemäß § 364 I BGB (vgl. Lektion 7) durch Übereignung des Gebrauchtwagens zu tilgen. Eine dritte Variante ist darin zu sehen, dass Jan den Neuwagen kauft und seinen Gebrauchtwagen im Rahmen eines sogenannten Agenturmodells dem Händler zur Weiterveräußerung gibt. In diesem Fall würde der Händler den Gebrauchtwagen im Namen und auf Rechnung von Jan weiterverkaufen. Alle diese Varianten stehen Jan aufgrund der Vertragsfreiheit zur Verfügung. Selbstverständlich ist es aber erforderlich, dass Jan zunächst einen Autohändler findet, der seinerseits bereit ist, den von ihm gewählten Weg mitzugehen. Auch der Autohändler kann sich nämlich auf die Vertragsfreiheit berufen und daher entscheiden, ob und in welcher Weise er bereit ist, mit Jan einen Vertrag zu schließen.

Gleichzeitig verdeutlicht dieser Fall aber auch die Grenzen der Vertragsfreiheit. Bei der letzten Alternative würde der Händler nämlich bei einem Weiterverkauf im Rahmen seiner Geschäftsgebaren nach außen zunächst als KFZ-Händler auftreten und das damit verbundene Vertrauen in Qualität und Service in Anspruch nehmen. Als solcher wäre er dann aber Unternehmer (§ 14 BGB) und bei einem späteren Weiterverkauf des Gebrauchtwagens an einen Verbraucher (§ 13 BGB) verpflichtet, diesem die gesetzlichen Gewährleistungsrechte einzuräumen (§§ 474 I S. 1 i.V.m. 475 I S. 1 BGB). Mit dem Agenturmodell wird aber häufig gerade eine Umgehung dieser Regelung bezweckt. Indem der Händler das Fahrzeug im Namen von Jan weiterverkauft, wird dieser zum Verkäufer. Da Jan Verbraucher ist, wäre ein Ausschluss der Gewährleistungsrechte nach § 475 I S. 1 BGB grundsätzlich möglich. Dieses Problem wird von § 475 I S. 2 BGB aufgefangen. Zwar können Verbraucher aufgrund der ihnen zustehenden Vertragsfreiheit Gewährleistungsrechte regelmäßig ausschließen. Dient der Ausschluss im Rahmen des Agenturvertrags jedoch einer Umgehung der verbraucherschützenden Regel des § 475 I S. 1 BGB, ist er unwirksam. Gebrauchtwagenagenturverträge sind also nicht generell durch § 475 I S. 1 BGB inhaltlich beschränkt, sondern nur dann, wenn keine praktischen wirtschaftlichen Bedürfnisse und anerkennenswerten Gründe für diese Vertragsgestaltung bestehen. Das ist regelmäßig dann der Fall, wenn sich der Privatverkauf bei wirtschaftlicher Betrachtungsweise als Kaufvertrag zwischen Händler und Verbraucher darstellt.

Solange es im Fall 13 bei einem reinen Beratungsgespräch blieb, ist Jan gegenüber dem Elektrofachhändler zu nichts verpflichtet. Die Vertragsfreiheit ermöglicht es ihm, sich den Vertragspartner auch zu diesem Zeitpunkt noch frei auszuwählen. Diesem Zweck sollte letztlich auch das Beratungsgespräch dienen, da es einem potenziellen Kunden bei der Entscheidung über den Abschluss eines Kaufvertrags hilft.

Solange die Vertragsparteien keine Vereinbarung über den Leistungsort getroffen haben und nichts anderes aus der Natur des Schuldverhältnisses bzw. den konkreten Umständen folgt, gilt § 269 I BGB. Danach hat die Leistung an dem Ort zu erfolgen, an dem der Schuldner zur Zeit der Entstehung des Schuldverhältnisses seinen Wohnsitz hatte (vgl. Lektion 4). Der Leistungsort liegt also im Fall 14 bei Volker und Katrin muss ihr Fohlen bei ihm abholen. Da es sich bei § 269 I BGB um dispositives Recht handelt, wäre eine davon abweichende Vereinbarung aber jederzeit möglich.

Grundsätzlich kann Volker die Annahme einer Teilleistung aufgrund von § 266 BGB ablehnen, ohne dadurch in Gläubigerverzug nach § 293 BGB (vgl. Lektion 11) zu geraten. Im Fall 15 ist diese Möglichkeit allerdings eingeschränkt. Es wäre unzulässige Rechtsausübung und daher treuwidrig, die Leistung allein deshalb abzulehnen, weil Katrin einen Cent zu wenig mitgebracht hat. Dasselbe Prinzip gilt etwa für § 150 II BGB. Danach gilt eine Annahme unter Änderung als neues Angebot, das wiederum angenommen werden muss. Nimmt der Empfänger das Angebot unter einer sehr geringen und im Verhältnis zur Gesamtleistung völlig bedeutungslosen Änderung an, so gilt das Schweigen des Anbietenden als konkludente Annahme des neuen Angebots. Auch diese Folge entspringt § 242 BGB.

Wesentliche Bedeutung für die Konkretisierung schuldrechtlicher Vertragspflichten und die inhaltliche Ergänzung des Schuldvertrags kommt dem in § 242 BGB niedergelegten Grundsatz von Treu und Glauben zu. Er hat folgende Funktionen:

Übersicht 4: Funktionen von § 242 BGB

Konkretisierungsfunktion
- über § 242 BGB können Art und Weise der Leistungserbringung konkretisiert werden

Ergänzungsfunktion für Nebenpflichten
- hierzu zählen insbesondere Leistungstreue, Schutzpflichten und Informationspflichten

Schrankenfunktion
- § 242 BGB ist eine Schranke gegen unzulässige Rechtsausübung

Korrekturfunktion
- anhand des Grundsatzes von Treu und Glauben kann im Einzelfall eine Anpassung des Vertragsinhalts an die geänderte Wirklichkeit erfolgen

Einseitige rechtsgeschäftliche Schuldverhältnisse

Neben den vertraglichen kennt das BGB auch noch die weniger bedeutsamen einseitigen rechtsgeschäftliche Schuldverhältnisse, die zu ihrer Wirksamkeit nur eine einseitige Willenserklärung benötigen. Zu diesen zählt die Auslobung nach § 657 BGB. Bereits die Auslobung selbst, also die öffentliche Bekanntmachung eine Belohnung für die Vornahme einer Handlung, verpflichtet zur Zahlung der Belohnung an denjenigen, der die Handlung vornimmt. Das Vornehmen der Handlung selbst ist keine Willenserklärung. Es handelt sich also auch nicht bloß um die Annahme eines „Auslobungsvertragsangebots". Vielmehr ist die Vornahme ein bloßer Realakt, der die Belohnungspflicht selbst dann begründet, wenn sie überhaupt nicht mit Rücksicht (etwa in Unkenntnis) auf die Auslobung erfolgte.

Gesetzliche Schuldverhältnisse

Im Gegensatz zu vertraglichen entstehen gesetzliche Schuldverhältnisse unabhängig vom Willen der Parteien sobald ihre Voraussetzungen vorliegen.

Übersicht 5: Arten gesetzlicher Schuldverhältnisse

Culpa in contrahendo (c.i.c.)	§ 311 II BGB
Geschäftsführung ohne Auftrag (GoA)	§§ 677 ff. BGB
Einbringung von Sachen bei Gastwirten	§§ 701 ff. BGB
Bruchteilsgemeinschaft	§§ 741 ff. BGB
Vorlegung von Sachen	§§ 809 ff. BGB
Ungerechtfertigte Bereicherung	§§ 812 ff. BGB
Unerlaubte Handlung	§§ 823 ff. BGB

Weitere	z.B. Ausgleichsverhältnis nach § 426 I BGB

Die vier wichtigsten Gruppen gesetzlicher Schuldverhältnisse sind die Unerlaubte Handlung, die Ungerechtfertigte Bereicherung, die Geschäftsführung ohne Auftrag und die Haftung aufgrund von culpa in contrahendo. Bis auf die letztgenannte gehören sie nicht hierher, sondern in den Besonderen Teil des Schuldrechts. Siehe hierzu Schuldrecht BT – *leicht gemacht*®. Hier folgt daher eine Erläuterung der c.i.c., während die anderen drei Gruppen nur kurz vorgestellt werden. Lesen Sie zu Ihrer Information auch die Paragrafen der übrigen Zeilen aus unserer Übersicht 5.

Culpa in contrahendo (Verschulden bei Vertragsabschluss)

Treten Personen in geschäftlichen Kontakt zueinander, so haben sie bereits zu diesem Zeitpunkt Obhuts- und Sorgfaltspflichten gegenüber dem anderen zu beachten. Bereits vor Vertragsschluss kann zwischen ihnen nämlich eine Beziehung entstehen, die einer vertraglichen so ähnlich ist, dass es naheliegt, sie konsequenterweise einer vertragsähnlichen Haftung zu unterwerfen. Diesem Umstand trägt das erst seit der BGB-Reform 2002 geregelte, aber seit langem anerkannte Rechtsinstitut der culpa in contrahendo Rechnung. So ist beispielsweise der Inhaber eines Warenhauses verpflichtet, die Geschäftsräume in einem ordnungsgemäßen Zustand zu halten, damit die Kunden nicht stürzen.

Ihren gesetzlichen Anknüpfungspunkt hat die c.i.c. heute in § 311 II BGB. Die Existenzberechtigung der c.i.c. wird begründet mit der Überlegung, dass ein vertraglicher Schadensersatzanspruch immer einen wirksamen schuldrechtlichen Vertrag voraussetzt und die deliktische Haftung nach den §§ 823 ff. BGB nicht alle schutzwürdigen Fälle erfasst. Insbesondere kennt sie weithin keine Ersatzpflicht für fahrlässige Vermögensbeschädigungen (für vorsätzliche jedenfalls § 826 BGB). Neben diesen Fällen sanktioniert der § 311 II BGB auch die Verletzung des gegenüber einem potenziellen Vertragspartner gehegten Vertrauens in das Zustandekommen des Vertrags. Hier ist etwa an einen Arbeitnehmer zu denken, der in der vermeintlich sicheren Erwartung eines Arbeitsvertragsschlusses bereits zum Sitz des Arbeitgebers gezogen ist. Wurde dieses Vertrauen fahrlässig erweckt und später enttäuscht, ist ein Anspruch aus c.i.c. grundsätzlich möglich. Ähnliches gilt für die Fälle, in denen der andere pflichtwidrig zum Abschluss des Vertrags veranlasst wurde. Führt beispielsweise jemand mittels arglistiger Täuschung oder durch Drohung den Abschluss eines Vertrags herbei, dann steht dem Getäuschten nicht nur ein Anfechtungsrecht nach § 123 BGB zu. Daneben hat er die Möglichkeit, die Aufhebung des Vertrags als Schadensersatz (Naturalrestitution, vgl. dazu Lektion 12) zu verlangen. Bedeutsam wird diese Variante insbesondere dann, wenn die Anfechtungsfrist des § 124 I BGB bereits verstrichen ist.

Leitsatz 4

Typische Fälle der culpa in contrahendo

▶ Verletzung **vorvertraglicher** Sorgfalts- und Obhutspflichten

▶ Verletzung des **geschützten Vertrauens** in das Zustandekommen eines Vertrags

▶ **Pflichtwidrige Veranlassung** zum Abschluss eines Vertrags

Für die erste Variante der c.i.c., der Verletzung vorvertraglicher Sorgfalts- und Obhutspflichten, deutet bereits der § 241 II BGB allgemein an, dass diese Pflichten Teil eines Schuldverhältnisses sein können. Für Fälle der Vertragsanbahnung ordnet § 311 II u. 3 BGB dessen Geltung explizit an. Die Haftung aus c.i.c. setzt demnach das Entstehen eines Schuldverhältnisses im Sinne von § 241 II BGB voraus, nämlich die Aufnahme von Vertragsverhandlungen (§ 311 II Nr. 1 BGB), die Anbahnung eines Vertrags (§ 311 II Nr. 2 BGB) oder ähnliche geschäftliche Kontakte (§ 311 II Nr. 3 BGB). Darüber hinaus ist eine objektive Verletzung von Pflichten erforderlich.

Hierbei handelt es sich z.B. um:

▶ Schutzpflichten

▶ Informationspflichten

▶ Pflichten aus unwirksamem Vertrag

▶ Pflichten aus Prospekthaftung

▶ Vertragsabschlusspflichten

Im Übrigen muss der Schädigende seine Pflichtverletzung zu vertreten haben und es muss ein kausaler Zusammenhang zwischen der Pflichtverletzung und dem entstandenen Schaden bestehen. Bei der Haftung aus c.i.c. ist regelmäßig nur der Vertrauensschaden (negatives Interesse) ersatzfähig.

Lesen Sie bitte die §§ 241 und 311 BGB!

Beispiel: *Hausfrau Margot schiebt ihren Einkaufswagen durch den Supermarkt (also noch kein Vertragsschluss!), rutscht auf einem feuchten Salatblatt aus und bricht sich ein Bein. Sie hat einen Schadensersatzanspruch aus culpa in contrahendo gegen den Supermarktbetreiber.*

Unerlaubte Handlung/deliktischer Schadensersatzanspruch

Die §§ 823 ff. BGB bestimmen eine Ersatzpflicht für zurechenbare Schädigungen. Die Forderung des geschädigten Gläubigers geht auf Ersatz des rechtswidrig und schuldhaft verursachten Schadens.

Fall 16
Jans Cousin Kevin schießt mutwillig seinen Fußball in eine fremde Fensterscheibe. Wer hat für eine neue Fensterscheibe aufzukommen?

Fall 17
Viktor fährt bei Glatteis zu schnell, gerät auf den Bürgersteig und verletzt einen Fußgänger. Muss er den entstandenen Schaden ersetzen?

Kevin hat im Fall 16 den Schaden an der Fensterscheibe zu ersetzen; Viktor muss im Fall 17 für die Behandlungskosten des Fußgängers aufkommen und gegebenenfalls Schmerzensgeld leisten (vgl. Lektion 12).

Ungerechtfertigte Bereicherung

Hat jemand auf Kosten eines anderen ohne Rechtsgrund einen Vermögensvorteil erlangt, so ist die dadurch entstandene Bereicherung nach §§ 812 ff. BGB herauszugeben. Im Gegensatz zum Anspruch nach den §§ 823 ff. BGB geht es also beim Bereicherungsrecht nicht um den verschuldensabhängigen Ausgleich von Schäden, sondern um eine verschuldensunabhängige Abschöpfung einer grundlosen Bereicherung.

Fall 18

Die Kuhherde des Hirten X zieht durch ein offenes Gatter und weidet auf der Wiese des Bauern Y ohne dessen Erlaubnis. Dadurch erspart sich X Futterkosten und Y erleidet einen Rechtsverlust. Muss X dem Y diesen Rechtsverlust ausgleichen?

Im Fall 18 geschieht die Vermögensverschiebung ohne Rechtsgrund, weil Y dem X nicht erlaubt hat, seine Kühe auf der Wiese weiden zu lassen. Der Hirte muss dem Bauern die ersparten Futterkosten erstatten. Daneben kommt allerdings auch noch ein Anspruch auf Schadensersatz nach § 823 I BGB in Betracht, da der X den Y durch das Abweidenlassen in seinem Eigentum am Weidegras verletzt hat. Relevant wird die Unterscheidung zwischen Bereicherungsrecht und einem deliktischen Schadensersatzanspruch insbesondere in zwei Fällen. Fehlt es im Fall 18 an einem Verschulden, weil X sorgsam gehandelt hat und das Entlaufen der Herde nicht zu vermeiden war, so scheidet ein deliktischer Anspruch aus. Hier bleibt dem Y nur der bereicherungsrechtliche Anspruch. Hat X hingegen schuldhaft gehandelt, ist ihm aber keine Bereicherung entstanden, da die Herde das Gras nur zertreten und nicht gefressen hat, so bleibt dem Y nur der Anspruch auf Schadensersatz.

Fall 19

Volker übergibt Katrin das von ihr gekaufte Pferd. Später stellt sich heraus, dass der zugrunde liegende Kaufvertrag nichtig oder durch Anfechtung vernichtet worden ist. Was wird aus dem Pferd? Wer ist sein Eigentümer?

Volker kann im Fall 19 von Katrin nach § 812 I S. 1 Alt. 1 BGB (lesen!) die Rückübereignung des Pferdes verlangen. Durch die Übereignung hat Katrin etwas, nämlich Eigentum und Besitz am Pferd, durch Leistung des Volker erlangt. Diesen Vermögensvorteil erhielt sie auch ohne Rechtsgrund, denn der Kaufvertrag ist angefochten worden und war daher von vornherein nichtig. Bis zur Realisierung dieses Rückübertragungsanspruchs bleibt sie aber vorerst Eigentümer des Pferdes, denn der Mangel betraf allein das Verpflichtungsgeschäft (vgl. dazu Lektion 2).

Geschäftsführung ohne Auftrag

Nach der Definition in § 677 BGB handelt es sich um eine Geschäftsführung ohne Auftrag (GoA), wenn jemand (der Geschäftsführer) ein Geschäft für einen anderen (den Geschäftsherrn) führt, ohne von ihm beauftragt oder sonst dazu berechtigt zu sein. Das kann gegebenenfalls auch dann der Fall sein, wenn das Geschäft aufgrund eines Vertrags geführt worden ist, der sich später als nichtig erweist. Allerdings dürfen dabei keine Schutzvorschriften, wie etwa § 107 BGB, umgangen werden. Jedenfalls gilt dies, wenn der Geschäftsführer die fehlende eigene Verpflichtung kennt. Steht aber die Übernahme der Geschäftsführung mit dem wirklichen oder mutmaßlichen Willen des Geschäftsherrn in Widerspruch und musste der Geschäftsführer dies erkennen, so ist er dem Geschäftsherrn zum Ersatz des aus der Geschäftsführung entstandenen Schadens auch dann verpflichtet, wenn ihm ein sonstiges Verschulden nicht zur Last fällt, § 678 BGB. Die Vorschrift betrifft die unberechtigte Übernahme, nicht die Ausführung. Die bloße Tatsache der GoA begründet ein gesetzliches Schuldverhältnis. Eine auf seine Begründung gerichtete rechtsgeschäftliche Willenserklärung ist nicht erforderlich.

> Die GoA (Geschäftsführung ohne Auftrag) dient **nicht** dazu, Schutzvorschriften oder den fehlenden Vertragsschlusswillen einer Person zu überwinden.

Fall 20

Ein Schwerverletzter bittet eine Kraftfahrerin, ihn schnell in ein Krankenhaus zu bringen. Diese leistet Erste Hilfe und fährt ihn ins nächste Krankenhaus. Muss der Gerettete die durch die Rettung entstandenen Kosten erstatten? Wie verhält es sich, wenn die Kraftfahrerin erst zum Unfallort kommt, als der Verletzte das Bewusstsein verloren hat, sich deshalb nicht äußern kann und die Kraftfahrerin spontan das Erforderliche unternimmt?

Die Retterin kann ihre Aufwendungen im Fall 20 (Fahrtkosten, Verbandsmaterial) vom Geretteten nach § 670 BGB ersetzt verlangen, denn zwischen beiden ist ein Vertrag (Auftrag) zu Stande gekommen. Ein Vertragsschluss scheidet hingegen aus, wenn der Gerettete bewusstlos war. Der Aufwendungsersatzanspruch ergibt sich hier aus dem gesetzlichen

Schuldverhältnis der Geschäftsführung ohne Auftrag nach §§ 683, 677, 670 BGB. Inwieweit neben Aufwendungen auch Schäden (hier etwa wegen Verschmutzung des Polsters) ersatzfähig sind, ist umstritten. Zumindest für Personen- und Sachschäden, die mit der Geschäftsführung typischerweise verbunden sind, ist eine Ersatzpflicht aber weithin anerkannt.

Nochmals zur Wiederholung eine Übersicht über die vier wichtigsten Arten gesetzlicher Schuldverhältnisse:

Übersicht 6: Die wichtigsten gesetzlichen Schuldverhältnisse

▶ **Das Institut c.i.c.**
Bereits mit der Aufnahme von Vertragsverhandlungen oder einem ähnlichen geschäftlichen Kontakt entsteht ein **vertragsähnliches Vertrauensverhältnis**, das den Parteien die gesteigerten Sorgfaltspflichten einer schuldrechtlichen Sonderverbindung auferlegt. Der Haftungsgrund der culpa in contrahendo ist also **enttäuschtes Vertrauen**.

▶ **Geschäftsführung ohne Auftrag (GoA)**
Wenn jemand ein **Geschäft für einen anderen** besorgt, ohne von ihm beauftragt zu sein, so entsteht damit ein **gesetzliches Schuldverhältnis**, aus dem sich für beide Beteiligten Pflichten ergeben können.

▶ **Ungerechtfertigte Bereicherung**
Die ungerechtfertigte Bereicherung dient dem **Ausgleich nicht gerechtfertigter Vermögensverschiebungen**. Im Unterschied zum Schadensersatz soll nicht die Einbuße des Benachteiligten an seinen Gütern ausgeglichen, sondern die ungerechtfertigte Vermehrung des Vermögens dem Bereicherten wieder entzogen werden.

▶ **Unerlaubte Handlung**
Unerlaubte Handlung ist der **rechtswidrige und schuldhafte Eingriff** eines Dritten in bestimmte Rechte bzw. Rechtsgüter eines anderen. Die Rechtswidrigkeit des Handelns erfolgt dabei aus einem Verstoß gegen allgemeine Normen, Verkehrs- bzw. Handlungspflichten, die außerhalb von Sonderbeziehungen bestehen. Eine Ersatzpflicht aus Delikt setzt also **kein** bereits bestehendes vertragliches bzw. vertragsähnliches **Schuldverhältnis** zwischen Schädiger und Geschädigtem voraus.

Lektion 4: Inhalt der Schuldverhältnisse

Leistungs-, Erfüllungs- und Erfolgsort

 **Fall 21**

Katrin möchte das von Jan gekaufte Rennrad nicht länger behalten, da sie sich seit einiger Zeit für Mountainbikes begeistert. Da es ihrem Bekannten Thomas genau umgekehrt geht, entschließen sich beide, Mountainbike und Rennrad zu tauschen.

In § 269 enthält das BGB eine Regelung zum Leistungsort. Dabei handelt es sich um den Ort, an dem der Schuldner die Leistungshandlung vorzunehmen hat. Dieser liegt nach § 269 I BGB im Zweifel am Wohnsitz des Schuldners. Vom Leistungsort abzugrenzen ist der Erfolgsort. Das ist der Ort, an dem der Erfüllungserfolg eintreten soll. Aus der Festlegung von Leistungs- und Erfolgsort ergeben sich drei verschiedene Grundtypen der Schuld.

 Wenn Sie also etwas kaufen, müssen Sie die Sache im Zweifel **beim Schuldner abholen!**

Zum einen kann eine Holschuld vorliegen. Dabei handelt es sich um den Regelfall, bei dem Leistungs- und Erfolgsort beim Schuldner liegen. Für den Vollzug eines Kaufvertrags bedeutet das etwa, dass der Käufer die Sache beim Verkäufer abholen muss, weil dort die Leistungshandlungen Übergabe und Übereignungserklärung vorzunehmen sind. Der Leistungserfolg, nämlich die Übertragung von Eigentum und Besitz, tritt ebenso bereits beim Schuldner ein.

Die zweite Variante und zugleich das Gegenteil zur Holschuld ist die Bringschuld. Bei dieser liegen Leistungsort und Erfolgsort beim Gläubiger. Der Verkäufer muss also die Sache zum Käufer bringen und die erforderlichen Leistungshandlungen dort vornehmen. Auch der Leistungserfolg tritt dann beim Gläubiger ein.

Eine Zwischenstufe zwischen Hol- und Bringschuld nimmt die sogenannte Schickschuld ein. Bei dieser fallen Leistungs- und Erfolgsort auseinander: Der Leistungsort verbleibt beim Schuldner, während der

Erfolg erst beim Gläubiger eintritt. Angewandt auf die Erfüllung eines Kaufvertrags hat das zu Folge, dass der Verkäufer die Sache an den Gläubiger verschicken muss (Leistungshandlung). Zum Eigentums- und Besitzwechsel kommt es aber erst, wenn der Gegenstand den Käufer erreicht.

Leistungs- und Erfolgsort sind für jede einzelne Leistungspflicht gesondert festzustellen. Das ist vor allem für gegenseitige Verträge von Bedeutung. Hier sind die jeweiligen Leistungs- und Erfolgsorte sehr häufig gerade nicht identisch. Schauen Sie sich dazu bitte den Fall 21 an. Für beide Übereignungspflichten aus dem Tauschvertrag (§ 480 BGB) gilt mangels abweichender Vereinbarung die Zweifelsregel des § 269 I BGB, so dass jeweils Holschulden vorliegt. Leistungs- und Erfüllungsort der Pflicht zur Übereignung des Rennrads liegen daher bei Katrin, während sie für das Mountainbike bei Thomas liegen.

Das Vorliegen einer Hol-, Bring- oder Schickschuld trifft keine Aussage darüber, dass die Abwicklung der Schuld auch tatsächlich in dieser Weise erfolgen muss. Auch der Holschuldverkäufer kann also – ohne jedoch dazu verpflichtet zu sein – die Sache an den Käufer verschicken oder sogar zu diesem hinbringen. Das macht regelmäßig auch Sinn, denn Thomas kann das Mountainbike in Fall 21 auch gleich mitbringen, wenn er das Rennrad bei Katrin abholt.

Bedeutung hat die Typisierung aber aus anderen Gründen. Die Frage, ob die Leistungshandlung am geschuldeten Ort vorgenommen wurde, wirkt sich etwa auf den Eintritt von Schuldner- (§§ 286 ff. BGB) oder Annahmeverzug (§§ 293 ff. BGB), die Rechtzeitigkeit der Leistungserbringung und die Konkretisierung von Gattungsschulden (§ 243 II BGB) aus. Außerdem kann dem Gläubiger nach §§ 273, 320 BGB ein Zurückbehaltungsrecht hinsichtlich einer eigenen Leistungsverpflichtung zustehen, solange der Schuldner die von ihm geschuldete Leistungshandlung nicht am richtigen Ort vornimmt.

Vom Leistungs- und Erfolgsort abzugrenzen ist der vielfach in Verträgen genutzte Begriff Erfüllungsort. Vermeiden Sie hier einen häufigen Klausurfehler und setzen Sie nicht einfach Erfolgsort und Erfüllungsort gleich. Vielmehr ist durch Auslegung (§§ 133, 157 BGB) zu ermitteln, was die Parteien eigentlich gemeint haben. Zumeist wird es sich dabei um den Leistungsort handeln. Wichtig ist der Erfüllungsort regelmäßig für den vorverlagerten Gefahrübergang nach den §§ 447 I bzw. 644 II BGB. Dieser tritt bereits mit der Ausführung der Versendung ein, wenn der Verkäufer bzw. Werkunternehmer die Sache auf Verlangen des Käufers bzw. Bestellers an einen anderen Ort als den Erfüllungsort versendet. Daneben ist der Erfüllungsort für das Zivilprozessrecht bedeutsam, das den Gerichtsstand mit § 29 I ZPO an den Erfüllungsort knüpft. Nach dem Gerichtsstand gemäß §§ 12 ff. ZPO richtet sich die örtliche Zuständigkeit des Gerichts, bei dem Klagen gegen eine Person zu erhebenden sind.

Übersicht 7: Holschuld, Schickschuld, Bringschuld

Holschuld	Schickschuld	Bringschuld
Leistungs- und Erfolgsort		
▶ liegen zusammen beim Schuldner	▶ fallen auseinander – Leistungsort = Wohnsitz des Schuldners – Erfolgsort = Wohnsitz des Gläubigers	▶ liegen zusammen beim Gläubiger
Leistungshandlung (Aussonderung einer Sache mittlerer Art und Güte)		
– Bereitstellung zur Abholung – Aufforderung zum Abholen	– sachgemäße Verpackung – Übergabe der Sache an eine sorgfältig ausgewählte Transportperson	– ordnungsgemäßes Angebot beim Gläubiger

Geldschuld

Der Gesetzgeber trug der besonderen Bedeutung von Geldschulden im tatsächlichen Rechtsverkehr Rechnung, indem er im Allgemeinen Teil des Schuldrechts einige Sonderregeln für diese getroffen hat. An erster Stelle ist § 270 I BGB zu nennen. Danach hat der Schuldner Geld im

Zweifel auf seine Gefahr und seine Kosten dem Gläubiger an dessen Wohnsitz zu übermitteln. Wegen der damit verbundenen Abweichung von Grundtypus der Schickschuld wird die Geldschuld als qualifizierte Schickschuld bzw. modifizierte Bringschuld bezeichnet. Ergänzend stellt § 270 IV BGB klar, dass die Vorschriften über den Leistungsort (§ 269 BGB) unberührt bleiben. Dieser liegt daher auch bei Geldschulden im Zweifel beim Schuldner. Kommt das Geld niemals beim Gläubiger an, muss der Schuldner neues an ihn übermitteln. Bis ihm das erfolgreich gelungen ist, trägt er die Leistungsgefahr.

Die in den §§ 269 ff. enthaltenen Regeln haben große Bedeutung für die Gefahrtragung. Was darunter im Einzelnen zu verstehen ist, verdeutlicht Ihnen die folgende Übersicht:

Übersicht 8: Gefahrtragung

Sachgefahr: Risiko des zufälligen Untergangs einer Sache

➡ trägt stets der Eigentümer (der Herr der Sache)

Leistungs- und Gegenleistungsgefahr: Risiko, bei zufälligem Untergang der Leistung diese erneut erbringen zu müssen oder den Anspruch auf die Gegenleistung einzubüßen

➡ besteht nur im Zeitraum zwischen Vertragsschluss und vollständiger Erfüllung

Leistungsgefahr: Risiko des Schuldners, trotz Untergangs der Sache nochmals leisten zu müssen

➡ trägt (bei Stückschulden) der Gläubiger, denn der Schuldner wird nach § 275 I frei

Gegenleistungsgefahr: Risiko des Gläubigers, trotz Untergangs der Sache (Ausbleibens der Leistung) die Gegenleistung erbringen zu müssen

➡ trägt in der Regel der Schuldner, denn er verliert den Anspruch auf die Gegenleistung, § 326 I 1

Sonderregeln lassen die **Gegenleistungsgefahr** vor Erfüllung auf den **Gläubiger** übergehen. § 326 II, § 446 I, II, § 447, § 616, § 844 I 1, 2, § 2380 BGB

Weitere Sonderregeln für Geldschulden enthält das BGB in den §§ 244 f. BGB. Nach § 244 I BGB kann eine in einer anderen Währung als Euro ausgedrückte Geldschuld im Inland durch Euro gezahlt werden, wenn nicht ausdrücklich eine Zahlung in der anderen Währung vereinbart wurde.

Eine weitere, speziell auf Geldschulden zugeschnittene Vorschrift des Allgemeinen Schuldrechts, die Sie kennen sollten, ist der § 288 I S. 1 BGB. Dieser legt fest, dass Geldschulden während des Verzugs zu verzinsen sind.

Leistungszeit

Fall 22
Jans Onkel Ludwig, ein Landwirt aus Bayern, kauft am 15. Oktober vom Händler Heinrich 200 Zentner Tierfutter, um seine Silos vor dem Winter aufzufüllen. Das Futter soll vereinbarungsgemäß am 20. November geliefert werden. Am 25. Oktober stellt Ludwig bei einer Routinekontrolle mit Erschrecken fest, dass seine alten Futtervorräte verdorben sind. Da er die bei Heinrich bestellte Ware dringend benötigt, fragt er sich, ob er Heinrich zur sofortigen Lieferung zwingen kann. Der Vertrag sei schließlich bereits am 15. Oktober geschlossen worden.

Fall 23
Elektrohändler Emil verkauft Jan im Februar ein neues Soundsystem für dessen Wohnung. Dieses soll am 20. März geliefert werden. Bereits Anfang März gelangt Emil jedoch zu der Erkenntnis, dass sein Lager völlig mit bereits verkauften Waren „überfüllt" ist. Er entschließt sich daher die Lagerhaltungskosten zu senken und dazu alle bereits verkauften Produkte sofort an die Käufer auszuliefern. Darf Emil dem Jan das Soundsystem bereits Anfang März zusenden?

Das Allgemeine Schuldrecht unterscheidet für die Leistungszeit zwischen zwei verschiedenen Zeitpunkten. Diese sind Fälligkeit und Erfüllbarkeit. Die Fälligkeit ist der Moment, ab dem der Gläubiger die Leistung fordern kann. Davor kann der Gläubiger den Schuldner also auch nicht zur Leistung zwingen. Daneben ist die Fälligkeit des Anspruchs notwendige Voraussetzung für den Beginn der Verjährungsfrist und den Eintritt des Schuldnerverzugs. Von Erfüllbarkeit spricht man hingegen von dem

Zeitpunkt an, ab dem der Schuldner leisten darf. Nimmt der Gläubiger die ihm ordnungsgemäß angebotene Leistung nach Eintritt der Erfüllbarkeit nicht an, gerät er in Annahmeverzug.

 Weil vor Fälligkeit der Leistung **kein Verzug** eintreten kann, ist auch eine Mahnung vor Fälligkeit unwirksam (Vgl. Lektion 11).

Der in § 271 I BGB geregelte Grundfall geht davon aus, dass sowohl Fälligkeit als auch Erfüllbarkeit zeitgleich und unmittelbar nach Vertragsschluss eintreten. Abweichend hiervon kann die Leistungszeit auch gesetzlich besonders bestimmt sein. Bekannte Beispiele dafür sind die Regelungen zur Fälligkeit der Miete nach § 556b I BGB und zur Fälligkeit der Werkunternehmervergütung nach § 641 BGB. Da es sich dabei um dispositives Recht handelt, ist eine abweichende Vereinbarung ohne weiteres möglich. Geregelt werden kann sowohl eine generell spätere Leistungszeit als auch ein zeitliches Auseinanderfallen von Fälligkeit und Erfüllbarkeit. § 271 II BGB enthält hierfür eine Auslegungshilfe. Danach ist eine vertragliche Bestimmung der Zeit im Zweifel nur als Regelung der Fälligkeit und damit als Stundung anzusehen. Der Gläubiger kann die Leistung dann erst nach diesem Zeitpunkt verlangen. Das hindert den Schuldner aber nicht, sie schon vorher zu bewirken.

Umgekehrt wird die Erfüllbarkeit nur äußerst selten erst nach der Fälligkeit eintreten, denn der Schuldner wird regelmäßig nicht zu einer Leistung verpflichtet sein, die er nicht erfüllen kann. Ausnahmen von diesem Grundsatz sind die sogenannten verhaltenen Ansprüche. Bei diesen darf der Schuldner die Leistung nicht erbringen, bevor sie der Gläubiger einfordert, obwohl Fälligkeit bereits eingetreten sein kann. Im BGB finden sich verhaltene Ansprüche etwa in den §§ 368 und 416 III S. 1 BGB.

Im Fall 22 wurde mit dem 20. November ein von § 271 I BGB abweichender Leistungszeitpunkt vereinbart. Dabei handelt es sich nach der Auslegungshilfe des § 271 II BGB um eine Abrede über die Fälligkeit. Danach ist im Zweifel davon auszugehen, dass die Vereinbarung nicht die Erfüllbarkeit betrifft. Da die Fälligkeit im Vertrag vom 15. Oktober auf den 20. November hinausgeschoben wurde, kann Ludwig zuvor von Heinrich keine Lieferung verlangen.

Eine echte Bedeutung bekommt die Zweifelsregel des § 271 II BGB jedoch im Fall 23. Auch bei diesem liegt eine von § 271 I BGB abweichende Vereinbarung über die Leistungszeit vor. Gemäß § 271 II BGB betrifft diese aber regelmäßig nur den Eintritt der Fälligkeit. Jan kann demnach zwar von Emil keine Lieferung vor dem 20. März verlangen. Emil ist aber seinerseits nicht gehindert, die Leistung sofort mit schuldbefreiender Wirkung zu erbringen. Nimmt Jan die erfüllbare Leistung nicht an, so gerät er gemäß § 293 BGB in Annahmeverzug.

Teilleistungen

Fall 24

Ludwig hat weitere 100 Zentner Tierfutter bei Heinrich gekauft, die in zwei Wochen zu liefern sind. Kurz nach dem Verkauf stellt der für die Auslieferung zuständige Mitarbeiter fest, dass die Transportfahrzeuge in der nächsten Woche noch jeweils freie Kapazitäten für 20 Zentner Futter haben. Aus diesem Grund wird überlegt, Ludwig fünf Tage lang je 20 Zentner zu bringen. Ludwig möchte das nicht. Wie ist die Rechtslage?

Grundsätzlich steht im Fall 24 einer früheren Auslieferung vor dem Ablauf von zwei Wochen wegen § 271 II BGB nichts entgegen. Es liegt nur eine Vereinbarung über die Fälligkeit, nicht hingegen über die Erfüllbarkeit vor. Heinrich kann aber nicht jeden Tag 20 Zentner Tierfutter vorbeibringen. Der Schuldner ist, wie Sie bereits gesehen haben, gemäß § 266 BGB nicht zu Teilleistungen berechtigt. § 266 BGB will verhindern, dass der Gläubiger durch mehrfache Leistungen belästigt wird. Der Gläubiger kann daher Teilleistungen regelmäßig zurückweisen, ohne dadurch in Annahmeverzug zu geraten. Auch bei § 266 BGB handelt es sich aber um dispositives Recht. Eine Lieferung von fünf Mal 20 Zentnern hätte also problemlos zwischen den Parteien vereinbart werden können.

> Im Zweifel ist der Schuldner zu Teilleistungen **nicht** berechtigt.

Lektion 5: Leistung durch Dritte und Personenmehrheit

Leistung durch Dritte

▄▄ Fall 25
Jan wird bei einem Radausflug vom entlaufenen Bullen des Bauern Bernd angegriffen. Dabei wird seine Kleidung beschädigt. Bauer Clemens, der den aggressiven Bullen ein Jahr zuvor an Bernd verkauft hat, fühlt sich „schuldig" und möchte den Schaden begleichen. Können Jan oder Bernd die Zahlung des Clemens ablehnen?

Und was gilt, wenn Bernd bereits gezahlt hat und sich nachträglich herausstellt, dass es sich in Wirklichkeit um einen Bullen handelte, der noch immer Clemens gehört?

▄▄ Fall 26
Jan hat sich als Fahrradkurier selbständig gemacht. Aus lauter Euphorie hat er jedoch mit seinem Kurierdienst „Straßenflitzer GmbH" deutlich mehr Aufträge angenommen, als er selbst noch bewältigen könnte. Als sein langjähriger Freund Bjarne davon erfährt, bietet er Jan an, ihm beim Transport zu helfen. Mit einem Rennrad ausgestattet beginnt Bjarne seinen Dienst für die „Straßenflitzer". Kurz darauf beschweren sich einige Kunden bei Jan. Sie hatten gehofft, dass Jan jeden Brief persönlich zum Kunden bringt, schließlich habe man als Kunde doch das Recht Leistungen eines Dritten abzulehnen. Haben sie Recht?

Andere Personen als Schuldner und Gläubiger können in vielfältiger Weise an der Leistungserbringung beteiligt sein. Eine Variante ist die in § 267 BGB geregelte Leistung durch Dritte. Danach kann eine andere Person als der Schuldner die Leistung bewirken, wenn der Schuldner nicht in Person zu leisten hat. Auf die Einwilligung des Schuldners kommt es dann grundsätzlich nicht an. Gläubiger und Schuldner können die Leistung des Dritten nur gemeinsam ablehnen. Ob in Person zu leisten ist oder nicht, bestimmt sich primär nach dem Willen der Parteien. Ausschlaggebend ist dabei insbesondere, ob es dem Gläubiger gerade auf die Person des Schuldners ankam. Für einige im Besonderen Schuldrecht speziell geregelte Vertragstypen bestehen wiederum Zweifelsregeln. Danach ist der Schuldner beispielsweise beim Dienstvertrag nach § 613 S. 1 BGB und beim Verwahrungsvertrag nach § 691 S. 1 BGB zur persönlichen Leistungserbringung verpflichtet.

Im Fall 25 ist Bernd aufgrund seiner Unachtsamkeit zum Ersatz des bei Jan eingetretenen Schadens verpflichtet. Wenn Clemens den Schaden aus persönlichem Schuldgefühl begleichen möchte, so handelt er als Dritter. Bei einer Zahlung würde es sich daher um seine eigene Leistung und nicht um eine Leistung des Schuldners Bernd handeln. Nach § 267 II BGB kann Jan die Leistung des Clemens nur ablehnen, wenn auch Bernd widerspricht. Zu Recht wird die praktische Relevanz von § 267 BGB in Zweifel gezogen. Es ist schließlich kaum zu erwarten, dass sich überhaupt jemand bereit findet, auf die Schuld eines Dritten zu leisten. In diesem Fall ist es dann aber noch unwahrscheinlicher, dass Gläubiger und Schuldner diese Leistung gemeinsam ablehnen. Der Gläubiger würde schließlich auch vom Dritten seine Leistung erhalten und der Schuldner wäre von seiner Verbindlichkeit befreit.

Von der Leistung eines Dritten ist die in der Abwandlung von Fall 25 enthaltene Konstellation abzugrenzen. Stellt sich nach der Zahlung durch Bernd heraus, dass in Wirklichkeit Clemens der zutreffende Schadensersatzschuldner ist, liegt keine Leistung eines Dritten i.S.v. § 267 BGB vor. Bernd wollte vorliegend nämlich nicht auf die Schuld eines Dritten (Clemens), sondern auf eine vermeintliche eigene Schuld zahlen. Daher kann er seine Leistung (Zahlung) bereicherungsrechtlich zurückfordern.

Ebenfalls von der Leistung eines Dritten abzugrenzen ist die Einschaltung von Erfüllungsgehilfen i.S.v. § 278 BGB (dazu ausführlich in Lektion 9). Im Fall 26 wurde der Vertrag über die Durchführung von Kurierfahrten von den jeweiligen Auftraggebern mit der „Straßenflitzer GmbH" geschlossen. Wird Bjarne bei der Auslieferung tätig, so wirkt er an der Erfüllung einer fremden Verbindlichkeit durch den Verpflichteten selbst mit und handelt daher gerade nicht als Dritter. Der Transport von Postsendungen ist demnach eine Leistung, die durch die „Straßenflitzer GmbH" erbracht wird.

Die folgende Übersicht verdeutlicht Ihnen nochmals die drei häufigsten Konstellationen, bei denen ein Dritter an der Leistung beteiligt ist.

Übersicht 9: Leistung unter Beteiligung weiterer Personen

– Leistung durch einen Dritten

eigene Leistung des Dritten und nicht des Schuldners

▶ Schuldner wird von der Verbindlichkeit frei

– Leistung auf eine vermeintlich eigene Schuld

Leistung des vermeintlich Verpflichteten auf eine für ihn nicht bestehende Verpflichtung; keine Leistung des Schuldners

▶ Schuldner bleibt weiterhin verpflichtet; Leistender kann nach § 812 I S. 1 Alt. 1 BGB zurückfordern

– Einschaltung von Erfüllungsgehilfen

Leistung des Schuldners unter Einschaltung des Erfüllungsgehilfen

▶ Schuldner wird von seiner Leistungspflicht frei

Gläubiger- und Schuldnermehrheit

Fall 27

Jan und Bjarne sind wieder einmal mit dem Rad auf einer gemeinsamen Kurierfahrt unterwegs. Da es die letzte Fahrt das Tages ist und beide noch etwas Zeit haben, „schalten sie einen Gang runter" und reden über die guten alten Zeiten. Dabei übersehen sie aus Unachtsamkeit die Rentnerin Gerda, die gerade ihren Dackel Waldi auf der abendlichen Tour durch die Innenstadt führt. Trotz des natürlich sofort eingeleiteten Bremsmanövers können es die beiden Radfahrer nicht verhindern, dass Waldi an diesem Abend seine letzte Gassirunde gedreht hat. Gerda verlangt von Jan und Bjarne Schadensersatz.

Das BGB regelt Schuldner- und Gläubigermehrheiten zusammen in den §§ 420 ff.

Handelt es sich nicht nur um einen, sondern um mehrere Schuldner, bestehen folgende Möglichkeiten:

Übersicht 10: Schuldnermehrheit

Teilschuld	Gesamtschuld	Gemeinschaftliche Schuld
§ 420 Alt. 1 BGB ▶ mehrere Schuldner schulden eine **teilbare Leistung**, wobei jeder nur seinen Teil schuldet	§§ 421–427, 431 BGB ▶ mehrere Personen schulden eine Leistung; **jeder ist verpflichtet**, die ganze Leistung zu bewirken; Gläubiger darf sie aber nur einmal fordern; **Gleichstufigkeit** der Verpflichtung	▶ Leistung kann von den Schuldnern nur durch **gemeinschaftliches Zusammenwirken** erbracht werden

Lesen Sie bitte zunächst die §§ 420 bis 427 und 431 BGB!

Die wichtigste Konstellation der Schuldnermehrheiten ist die Gesamtschuld. Geregelt ist sie in den §§ 421 ff. BGB. Der § 421 S. 1 BGB nennt einen Großteil ihrer Mindestvoraussetzungen, ist aber nicht abschließend. Zusätzlich zu den dort genannten Merkmalen ist eine Gleichstufigkeit oder Gleichrangigkeit der Verpflichtungen erforderlich. Gleichstufigkeit ist etwa anzunehmen, wenn mehrere Personen als Verursacher desselben Schadens haften. Dagegen ist sie beispielsweise zu verneinen, wenn eine Person als Schadensverursacher und eine andere als Sozialversicherungsträger haftet. Vielfach ordnen gesetzliche Vorschriften die gesamtschuldnerische Haftung auch ausdrücklich an. Hierzu zählen die §§ 54, 613a II S. 1, 651b II, 769, 840 I, 1108 II, 2058 BGB.

Im **Fall 27** wurde Waldi von Jan und Bjarne gemeinsam überrollt. Sie haften daher aufgrund deliktischer Ansprüche aus unerlaubter Handlung gemäß § 840 I BGB als **Gesamtschuldner**. Da das Deliktsrecht als Teil des Besonderen Schuldrechts keine Aussage über die **Rechtsfolgen der Gesamtschuld** trifft, **bestimmen sich** diese wiederum **nach dem Allgemeinen Teil des Schuldrechts**. Eine umfassende Darstellung des Deliktsrechts finden Sie in **Schuldrecht BT –** *leicht gemacht* ®.

§ 421 BGB betrifft das **Außenverhältnis** bei der Gesamtschuld, also das Verhältnis der einzelnen Schuldner zum Gläubiger. Danach kann Gerda den Schadensersatz nach ihrem Belieben von Jan und Bjarne ganz oder auch nur zu einem Teil fordern. Bis zur vollständigen Bewirkung bleiben beide verpflichtet.

Dagegen regelt § 426 BGB das **Innenverhältnis** zwischen den Gesamtschuldnern. Hier wird in Klausuren häufig verkannt, dass der § 426 BGB in seinen Absätzen 1 und 2 vollkommen unterschiedliche Rechtsfolgen anordnet. Zum einen wird, wenn einer der Gesamtschuldner die Forderung ganz oder teilweise begleicht, durch § 426 I BGB ein **gesetzliches Schuldverhältnis**, ein **Ausgleichsverhältnis** begründet. Das heißt, der leistende Gesamtschuldner kann, soweit er den Gläubiger befriedigt hat, von den übrigen Schuldnern Ausgleich verlangen. Die Ausgleichspflicht beschränkt sich dabei auf den vom jeweiligen Ausgleichsschuldner zu tragenden Anteil. Scheidet einer der Gesamtschuldner z.B. wegen Zahlungsunfähigkeit aus, erhöht sich der Anteil der verbleibenden Schuldner entsprechend und damit natürlich auch der des Ausgleichsberechtigten. Das Ausgleichsverhältnis ist ein **gesetzliches Schuldverhältnis**, aus dessen Verletzung sich Ansprüche wegen Pflichtverletzung ergeben können.

Zusätzlich zum Ausgleichsanspruch ordnet § 426 II S. 1 BGB einen gesetzlichen **Forderungsübergang** an, nach dem die Forderung des Gläubigers gegen die übrigen Schuldner auf ihn übergeht. Dieser **cessio legis** kommt im Rahmen des Gesamtschuldsystems große Bedeutung zu. Ohne sie würde der ursprüngliche Anspruch des Gläubigers durch die Leistung eines Gesamtschuldners gemäß den §§ 422 I S. 1, 362 I BGB gegenüber allen Schuldnern erlöschen. Damit gingen aber auch alle **Sicherheiten** des Gläubigers (z.B. Bürgschaft) unter und der leistende Schuldner hätte nur den ungesicherten Ausgleichsanspruch. Aus diesem Grund stellt ihn der § 426 II S. 1 BGB insoweit besser und räumt ihm eine ähnlich gesicherte Stellung ein, wie sie der ursprüngliche Gläubiger innehatte.

Gesetzlich nicht geregelt ist die gemeinschaftliche Schuld. Bei dieser kann die Leistung von den Schuldnern nur durch gemeinschaftliches Zusammenwirken erbracht werden. Das kann einerseits darauf zurückzuführen sein, dass die Leistung ihrer Natur nach nur im Team erbracht werden kann (menschliche Pyramide aus Artisten, kammermusikalisches Duo, Theateraufführung). Hier ist die Leistung (Aufführung von Konzert und Drama oder Aufbau der Pyramide) notwendigerweise nur gemeinsam zu erbringen. Darüber hinaus kann eine gemeinschaftliche Schuld auch entstehen, wenn die Leistung aus einem Gesamthandsvermögen zu erbringen ist.

Das Recht des BGB kennt drei Grundformen von Gesamthandsgemeinschaften:

▶ Gesellschaft (§ 705 BGB)

▶ Gütergemeinschaft (§ 1415 BGB)

▶ Erbengemeinschaft (§ 2032 BGB)

Die Besonderheit der Gesamthandsgemeinschaften liegt darin, dass ein Vermögen mehreren Personen gemeinschaftlich „zur gesamten Hand" zusteht. Dieses Sondervermögen ist von dem sonstigen Privatvermögen der einzelnen an der Gesamthand beteiligten Personen getrennt. Ihnen steht nur ein Anteil an dem zweckgebundenen Sondervermögen insgesamt, nicht aber an den einzelnen dazu gehörenden Gegenständen (Sachen, Forderungen) zu. Der Einzelne kann daher nicht über einen zum Sondervermögen gehörenden Gegenstand verfügen.

Leitsatz 5

Gesamthandsgemeinschaften

- **Gesellschaftsvermögen** ➡ bei der Gesellschaft
- das **Gesamtgut** ➡ bei der ehelichen Gütergemeinschaft
- der **ungeteilte Nachlass** ➡ bei der Miterbengemeinschaft

Aus dem Vorliegen einer Gesamthandsgemeinschaft kann nicht ohne weiteres auf eine gemeinschaftliche Schuld geschlossen werden. „Gesamthandsschulden" als eigenständige Kategorie gibt es nämlich nicht. Vielmehr kommt es auf die jeweilige Art der Gesamthandsgemeinschaft und den konkreten Anspruch an. Auch für Gesamthandsgemeinschaften ist es möglich, dass neben dem Gesamtgut auch die einzelnen Gesamthänder selbst haften. Für diesen Fall ist der Gesetzgeber nicht gehindert, wie das etwa in § 2058 BGB geschehen ist, eine gesamtschuldnerische Haftung anzuordnen.

Von einer Teilschuld (§ 420 BGB) wird gesprochen, wenn mehrere Personen eine teilbare Leistung schulden. Der Gläubiger kann in einem solchen Fall von einem Schuldner nur einen Teil der Leistung verlangen. Ein Beispiel für Teilschulden sind die Entgeltverpflichtung aus dem Bauvertrag, wenn künftige Wohnungseigentümer die Bauarbeiten gemeinsam vergeben, oder wenn auf einem Grundstück für mehrere Auftraggeber verschiedene Bauwerke zu errichten sind. Nicht zu verwechseln ist die Tilgung einer Teilschuld mit einer unzulässigen Teilleistung i.S.v. § 266 BGB. Die teilbare Leistung stellt aus Sicht des einzelnen Schuldners die gesamte ihn treffende Leistungspflicht dar. Die Tilgung der Teilschuld ist daher für ihn die Erbringung der Gesamtleistung.

Abzugrenzen von der Schuldnermehrheit ist die sogenannte Schuldnerkumulation. Von dieser wird gesprochen, wenn ein Gläubiger zeitgleich aus mehreren unabhängig voneinander bestehenden Schuldverhältnissen mehrere Ansprüche gegen verschiedene Schuldner hat. Das ist etwa der Fall wenn Gerda neben dem Anspruch auf Schadensersatz gegen Jan noch einen Anspruch auf Zahlung des Kaufpreises für den Verkauf ihres Gebrauchtwagens gegen Händler H hat. Auch diese Konstellation ist im BGB nicht geregelt. Das braucht sie auch nicht, da die einzelnen Forderungen bei der Schuldnerkumulation voneinander vollkommen unabhängig sind.

Die Konstellationen der Schuldnermehrheiten spiegeln sich in denen der Gläubigermehrheiten. Auch Gläubigermehrheiten kommen in drei Grundformen vor. Diese sind Teilgläubigerschaft, Gesamtgläubigerschaft und Mitgläubigerschaft.

Lesen Sie bitte auch hierzu die §§ 420, 428 und 432 BGB!

Typische Erscheinungsformen der Gläubigermehrheiten sind Eheleute, die gemeinsam ein Konto eröffnen, eine Wohnung mieten usw. und die Erbengemeinschaft. In dieser Situation bilden die Eheleute sowohl als Schuldner (Mietschulden) als auch als Gläubiger (Anspruch auf Überlassung der Mietsache) eine Einheit.

Die Teilgläubigerschaft setzt voraus, dass die Forderung teilbar ist und regelmäßig auch geteilt werden soll. Die Teilgläubiger können ein Rücktrittsrecht nur einheitlich ausüben; der Schuldner kann bei einem gegenseitigen Vertrag jedem Gläubiger gegenüber die Einrede des nicht erfüllten Vertrags erheben, wenn nicht die gesamte Gegenleistung erbracht wird. Der Schuldner trägt das Verteilungsrisiko.

Im Gegensatz dazu ist die Forderung bei der Gesamtgläubigerschaft nicht geteilt. Das hat zwar zur Folge, dass jeder Gläubiger die Leistung vollständig verlangen kann. Nach § 428 I BGB bleibt dem Schuldner aber das Recht vorbehalten, den Leistungsempfänger auszuwählen. Verfügungen über den Anspruch als Ganzes, wie beispielsweise die Abtretungen der Forderung nach § 398 BGB und der Erlass nach § 397 I BGB, können die Gläubiger nur gemeinschaftlich vornehmen. Hat der Schuldner an einen der Gläubiger geleistet, muss nach § 430 BGB der Ausgleich zwischen den Gläubigern im Innenverhältnis erfolgen. Ausdrücklich ordnet das BGB Gesamtgläubigerschaft etwa in § 2151 III S. 1 BGB an.

Mitgläubigerschaft bedeutet, dass der Schuldner nur an sämtliche Gläubiger gemeinschaftlich leisten kann, wobei jeder einzelne Gläubiger Leistung an alle verlangen darf. Das ist zum einen bei den Bruchteilsgemeinschaften nach §§ 741 ff. BGB der Fall. Ihre Teilhaber können das gemeinsame Recht gegenüber Dritten regelmäßig nur gemeinschaftlich durchsetzen. Neben der Bruchteilsgemeinschaft findet § 432 BGB Anwendung, wenn eine unteilbare Leistung mehren Personen in der Weise geschuldet wird, dass sie nur an alle gemeinschaftlich erfolgen kann. Dabei ist jedoch darauf zu achten, dass auch tatsächlich mehrere Gläubiger vorliegen und diese nicht durch eine Gemeinschaft mit eigener Rechtspersönlichkeit (z.B. GbR) verbunden sind. Anderenfalls wäre diese der einzige Gläubiger.

Wie für die Gesamthandsschuldner ist auch für die Fälle der Gesamthandsgläubiger keine abstrakte Charakterisierung möglich. Auch hier kommt es demnach auf den konkreten Anspruch der jeweiligen

Gesamthandsgemeinschaft an. Für die Erbengemeinschaft wiederholt der Gesetzgeber beispielsweise die Regel des § 432 I S. 1 BGB in § 2039 S. 1 BGB und ordnet insoweit Mitgläubigerschaft an.

Ebenso wie die echte Schuldnermehrheit von der bloßen Schuldnerkumulation zu unterscheiden war, sind auch die Fälle der Gläubigermehrheit von der schlichten Gläubigerkumulation abzugrenzen. Beispiel: Jan hat mit seiner „Straßenflitzer GmbH" Kurierverträge mit einer Vielzahl von Kunden abschlossen. Jedem von ihnen schuldet er die Beförderung von Postsendungen, ohne dass diese Verpflichtungen zueinander in einer Beziehung stehen.

Übersicht 11: Gläubigermehrheit

Teilgläubigerschaft	Gesamtgläubigerschaft	Mitgläubigerschaft
§ 420 Alt. 2 BGB	§ 428 S. 1 BGB	§ 432 BGB
▶ **Mehrere** Gläubiger einer teilbaren Forderung sind nur **anteilmäßig** zu gleichen Teilen berechtigt.	▶ **Jeder kann** die Leistung **fordern**, der Schuldner ist aber nur einmal verpflichtet, diese zu bewirken.	▶ Die Leistung kann nur an **sämtliche Gläubiger gemeinschaftlich** bewirkt werden.

Lektion 6: Bestimmtheit und Veränderbarkeit der Leistungspflichten

Stückschuld oder Gattungsschuld

Fall 28
Ludwig verkauft Händler Heinrich telefonisch 50 Zentner aus seiner diesjährigen Haferernte. Unmittelbar nach dem Telefonat sondert er 50 Zentner Hafer ab, verpackt diese und legt sie für die Abholung durch Heinrich in seinem Verkaufsraum bereit. Infolge eines unvorhersehbaren Wasserschadens in der darauffolgenden Nacht, der nur den Verkaufsraum, nicht jedoch das Lager, betrifft, verdirbt der ausgewählte Hafer. Kann Heinrich von Ludwig die Übereignung von 50 Zentner unverdorbenem Hafer verlangen?

Je nach Art des Schuldverhältnisses kann eine Stück- oder eine Gattungsschuld vereinbart werden. Haben sich die Parteien auf einen individuellen Gegenstand geeinigt, spricht man von einer Stückschuld (bestimmter Gebrauchtwagen, Antiquität, Immobilie). Eine Gattungsschuld liegt vor, wenn sich die Leistungspflicht im Zeitpunkt des schuldrechtlichen Rechtsgeschäfts nicht auf einen konkreten und individuell bestimmten Leistungsgegenstand bezieht, sondern ihn nur nach allgemeinen, gattungsmäßigen Merkmalen umreißt (1 kg Tomaten, 1.000 l Heizöl). Ob eine Gattungs- oder eine Stückschuld vorliegt, hängt von der Parteivereinbarung ab. Regelmäßig lösen zwar vertretbare Sachen Gattungsschulden und unvertretbare Sachen Stückschulden aus, diese Begriffspaare brauchen aber nicht zusammen aufzutreten. Die Unterscheidung zwischen vertretbaren (§ 91 BGB) und unvertretbaren Sachen ist nach objektiven Maßstäben (etwa Beweglichkeit, Maß, Zahl und Gewicht) zu treffen.

Gegenbeispiele: Der bei der Besichtigung ausgewählte neue Porsche 911 ist zwar eine vertretbare Sache, aber dennoch Stückschuld, da die Parteien genau dieses Auto ausgewählt haben. Eine ähnliche Abweichung von der genannten Grundregel gilt, wenn ein Großgrundbesitzer verpflichtet ist, Jan irgendein Grundstück bestimmter Größe und Beschaffenheit zu übereignen. In diesem Fall handelt es sich zwar um eine unvertretbare Sache, aber dennoch um eine Gattungsschuld.

Das Versprechen einer **vertretbaren Sache** führt regelmäßig zu einer **Gattungsschuld** und das Versprechen einer **unvertretbaren Sache** regelmäßig zu einer **Stückschuld**.

Neben der Frage, was eigentlich geschuldet wird, ist die Abgrenzung zwischen Stück- und Gattungsschuld insbesondere für die Haftung des Schuldners von Bedeutung. Geht ein individuell geschuldetes Stück unter, ist die Leistungsverpflichtung von niemandem mehr zu erfüllen. Die Leistung ist damit unmöglich geworden und der auf sie gerichtete Anspruch erlischt nach § 275 I BGB (vgl. Lektion 10). Bei der Gattungsschuld wird dagegen eine nur ihrer Gattung nach bestimmte Leistung geschuldet. Aus diesem Grund erlischt bei ihr die Leistungspflicht nach § 275 I BGB erst, wenn die gesamte Gattung untergegangen oder nicht mehr am freien Markt verfügbar ist. Dieses Risiko kann der Schuldner gemäß § 243 II BGB beschränken, indem er das zur Leistung seinerseits Erforderliche vornimmt. In diesem Fall konkretisiert sich das Schuldverhältnis auf diese Sache.

Regelmäßig wird bei der Gattungsschuld vom Schuldner zusätzlich zur allgemeinen Haftung aus Vorsatz und Fahrlässigkeit eine Beschaffungspflicht und insoweit auch das Beschaffungsrisiko (§ 276 I S. 1 BGB) übernommen. Das bedeutet, er verpflichtet sich etwa bei einem Kaufvertrag (Gattungskauf) neben Übergabe und Übereignung nach § 433 I S. 1 BGB auch zur Beschaffung der Sache. Im Rahmen des Beschaffungsrisikos trägt der Schuldner das mit der Beschaffung unmittelbar verbundene Leistungsrisiko.

Leitsatz 6

Stück- und Gattungsschuld

- Bei der **Stückschuld** wird ein einzelner, **individuell** bestimmter Gegenstand geschuldet.
- Von einer **Gattungsschuld** wird gesprochen, wenn die geschuldete Leistung nur nach allgemeinen Merkmalen (**Gattungsmerkmalen**) bestimmt ist.

Ob Ludwig dem Heinrich im Fall 28 50 Zentner unverdorbenen Hafer übereignen muss, hängt davon ab, worauf sich die Schuld inhaltlich bezieht. Würde er schlechthin zur Leistung von Hafer verpflichtet sein, wäre der Wasserschaden unbeachtlich, schließlich ist die Gattung Hafer nicht vollständig untergegangen. Ursprünglich wurde der Leistungsgegenstand jedenfalls nur nach allgemeinen, gattungsmäßigen Merkmalen festgelegt. Geschuldet waren 50 Zentner Hafer aus seiner diesjährigen Ernte. Es lag also eine Gattungsschuld i.S.v. § 243 BGB in der besonderen Erscheinungsform der Vorratsschuld (beschränke Gattungsschuld) vor. Bei dieser handelt es sich um eine Gattungsschuld, die dadurch gekennzeichnet ist, dass sich der Schuldner nur zur Leistung aus einem bestimmten Bestand/Vorrat verpflichtet hat. Die Bestandteile des Vorrats unterscheiden sich ihrerseits nur durch die Beschränkung von der noch größeren Menge sonst gleichartiger Gegenstände.

Übertragen auf Fall 28 bedeutet das, dass zwar außerhalb der Ernte des Ludwig noch anderer Hafer existiert. Die Schuld beschränkt sich jedoch ausschließlich auf die diesjährige Ernte. Auch diese ist aber nicht vollständig untergegangen.

Eine Befreiung von der Leistungspflicht nach § 275 BGB kommt aus diesem Grund im Fall 28 nur in Betracht, wenn Ludwig seine Verpflichtung zuvor wirksam auf die ausgesonderten 50 Zentner konkretisiert hat. Dazu müsste er das zur Leistung seinerseits Erforderliche getan haben. In diesem Fall hätte sich die Gattungsschuld in eine Stückschuld umgewandelt. Ludwig wählte beliebigen Hafer mittlerer Art und Güte (§ 243 II BGB) aus.

Was darüber hinaus erforderlich ist, bestimmt sich insbesondere danach, ob eine Hol-, Schick- oder Bringschuld vorliegt. Mangels besonderer Abrede ist im vorliegenden Fall gem. § 269 I BGB von einer Holschuld auszugehen. Danach war H verpflichtet, die von L auszusondernde Leistung bei diesem abzuholen. Eine Aussonderung und Bereitstellung ist erfolgt, so dass sich die Schuld auf diese 50 Zentner beschränkt hat. Die Leistungspflicht ist also durch den Wasserschaden erloschen.

Sie haben nun das „Zusammenspiel" von Stück-, Gattungs- und Vorratsschuld mit § 275 BGB kennengelernt. Die folgende Übersicht soll Ihnen diese Unterschiede nochmals verdeutlichen:

Übersicht 12: Stückschuld / Gattungsschuld

Stückschuld	Gattungsschuld (§ 243 BGB)	
	„Normale" Gattungsschuld	Beschränkte Gattungsschuld (Vorratsschuld)
– Leistungsgegenstand ist nach individuellen Merkmalen bestimmt – Vertrag bezieht sich auf einen individuell bestimmten, genau bezeichneten Gegenstand – es wird bereits bei Vertragsschluss nur dieser individuell bestimmte Gegenstand geschuldet	– Leistungsgegenstand ist nach allgemeinen Beschaffenheitsmerkmalen bzw. generellen Qualitätsmerkmalen bestimmt – Bestimmung der Gattung obliegt den Parteien (subjektiver Maßstab) – geschuldet ist eine Sache aus dieser Gattung von mittlerer Art und Güte (§ 243 I) – dem Schuldner obliegt eine Beschaffungspflicht ➡ Beschaffungsschuld	– Umfang der Gattung, aus der der Schuldner leisten muss, ist auf eine bestimmte Teilmenge beschränkt – Schuldner muss nur aus einem bestimmten Vorrat leisten
Beispiel: ein bestimmtes Rennpferd	**Beispiel:** Bestellung eines bestimmten Neuwagentyps	**Beispiel:** Bestellung von fünf Kisten Wein eines bestimmten Jahrgangs von einem Weingut
– Befreiung von der Leistungspflicht nach § 275 I, wenn der geschuldete Gegenstand untergeht	– Befreiung von der Leistungspflicht nach § 275 I, wenn die gesamte Gattung untergeht = Sachen der betreffenden Art sind am Markt nicht mehr zu beschaffen	– Befreiung von der Leistungspflicht nach § 275 I, wenn der bestimmte Vorrat untergeht
	– **Konkretisierung** nach § 243 II BGB möglich ➡ Schuldverhältnis beschränkt sich auf diese Sache ➡ Rechtslage dann wie bei Stückschulden	

Wahlschuld, Ersetzungsbefugnis, elektive Konkurrenz

Fall 29

Gerdas anderer Dackel Waltraut hat wieder einmal geworfen, was ihrem Nachbarn, dem Jäger Josef, sehr gut passt. Er ist auf der Suche nach einem kleinen Hund für die Fuchsjagd. Da Waltraut über einen recht ansehnlichen Stammbaum verfügt, drängt Gerda Josef zu einer zeitnahen Kaufentscheidung, schließlich seien so hochwertige Welpen sehr gefragt. Josef hat allerdings noch Bedenken, schließlich seien die Hunde noch zu klein, um sie sofort von ihrer Mutter zu trennen. Außerdem könne er derzeit noch nicht beurteilen, welcher der Welpen sich später tatsächlich als Jagdhund eigne. Nach längerer Diskussion werden sich Gerda und Josef aber letztlich doch noch einig. Sie schließen einen Kaufvertrag, nach dem sich Josef in vier Wochen den aus seiner Sicht bestgeeigneten Hund unter den Welpen aussuchen kann.

Fall 30

Glücklicherweise stellte sich kurz nach dem Unfall heraus, dass Waldi bei dem Zusammenstoß in Wirklichkeit nur leicht verletzt wurde. Allerdings hat er sich eine behandlungsbedürftige Verletzung an der linken Vorderpfote zugezogen. Jan, der vor zehn Jahren als Schüler ein zweiwöchiges Praktikum bei einem Tierarzt absolviert hat, meint, er könne die Pfote schnell versorgen. Man müsse schließlich wegen eines Dackels nicht extra zum teuren Tierarzt gehen. Gerda ist damit überhaupt nicht einverstanden. Wie ist die Rechtslage?

Fall 31

Eines Nachts bemerkt Josef bei einer Pirsch, dass sein Hochsitz defekt ist. Er lässt sich daraufhin vom örtlichen Zimmermann Noah ein Angebot für eine Reparatur innerhalb von zwei Wochen machen. Zu seiner Überraschung sollte die Instandsetzung nur 200 € und nicht wie sonst üblich 400 € kosten. Noah erklärte ihm, dies sei auf die schlechte Auftragslage im Handwerk zurückzuführen; alle Zimmerleute arbeiteten derzeit für den halben Preis. Josef und Noah werden sich schnell einig. Als Josef nach vier Wochen Untätigkeit eine Frist setzt und dann noch immer nichts passiert, fragt er verärgert nach. Dabei erfährt er, dass Noah einen Großauftrag für ein Holzboot übernommen hat. Mit einer Fertigstellung des Hochsitzes sei daher frühestens in zwei Monaten zu rechnen. Da dann allerdings bereits die Jagdsaison vorbei wäre, überlegt Josef, einen anderen Handwerker zu beauftragen. Dieser verlangt nun aber 400 €. Welche Ansprüche hat Josef gegen Noah?

Neben der Gattungsschuld kennt das Allgemeine Schuldrecht noch weitere Arten unbestimmter Leistungspflichten, die noch durch eine der Parteien zu konkretisieren sind. Zu diesen zählt die Wahlschuld gemäß §§ 262 ff. BGB. Sie liegt vor, wenn eine Partei zwischen verschiedenartigen Leistungen wählen darf und sich ihre Verpflichtung bis zur Ausübung des Wahlrechts auf alle alternativ geschuldeten Leistungsvarianten erstreckt. Das Wahlrecht ist kein Anspruch, sondern gehört zur Gruppe der Gestaltungsrechte. Diese entfalten ihre Wirkung nicht unmittelbar, sondern müssen zuvor noch von ihrem Inhaber durch eine einseitige Willenserklärung (Gestaltungserklärung) ausgeübt werden.

Im Fall 29 behielt sich Josef das Recht vor, unter den Welpen den am meisten geeigneten Jagdhundkandidaten herauszusuchen. Der Kaufvertrag wurde zwar bereits abgeschlossen, die Auswahl des konkreten Leistungsgegenstands aber noch offen gelassen. Nach dem dispositiven § 262 BGB ist zwar im Zweifel der Schuldner wahlberechtigt. Durch vertragliche Vereinbarung konnte dies aber auch dem Gläubiger zugesprochen werden.

Von der Wahlschuld abzugrenzen ist die Schuld mit Ersetzungsbefugnis. Auch bei der Ersetzungsbefugnis handelt es sich um ein Gestaltungsrecht, das sowohl dem Schuldner als auch dem Gläubiger zustehen kann. Sie ist dadurch gekennzeichnet, dass eine Partei durch einseitige Willenserklärung den bereits feststehenden Inhalt des Schuldverhältnisses abändern kann, indem sie die bestehende Leistungspflicht durch eine andere ersetzt. Im Gegensatz zur Wahlschuld ist die Leistungspflicht bei der Ersetzungsbefugnis schon vor der Gestaltung nicht unbestimmt, sondern nur abänderbar. Neben der Möglichkeit einer rechtsgeschäftlichen Begründung enthält auch das BGB selbst gesetzliche Fälle der Ersetzungsbefugnis.

Im Fall 30 hat Gerda gemäß § 823 I BGB einen Anspruch auf Schadensersatz für die Verletzung ihres Hundes. Gemäß § 249 I BGB gilt dabei das Prinzip der Naturalrestitution. Danach muss der zum Schadensersatz Verpflichtete den Zustand herstellen, der bestehen würde, wenn der zum Ersatz verpflichtende Umstand nicht eingetreten wäre. Jan und Bjarne wären also grundsätzlich selbst zur Versorgung und Heilung des Hundes verpflichtet. Der Gesetzgeber hat allerdings gesehen, dass es dem Geschädigten in einigen Fällen nicht zugemutet werden kann, seine Sachen dem Schädiger anzuvertrauen. Daher hat er dem Geschädigten bei Verletzung einer Person oder Beschädigung einer Sache durch § 249 II S. 1 BGB eine Gläubigerersetzungsbefugnis eingeräumt. Der Geschädigte kann danach statt der Herstellung durch den Schädiger den dazu erforderlichen Geldbetrag verlangen. Nutzt Gerda diese Möglichkeit (§ 90a S. 3 BGB), so tritt an die Stelle ihres Wiederherstellungsanspruchs eine auf Geld gerichtete Forderung. Jan und Bjarne sind dann aber zumindest nicht mehr zur Naturalrestitution verpflichtet.

Eine inhaltlich mit § 249 II S. 1 BGB eng verwandte Ersetzungsbefugnis des Schuldners findet sich in § 251 II S. 1 BGB.

Von Wahlschuld und Ersetzungsbefugnis zu unterschieden ist die elektive Konkurrenz. Sie ist im Vergleich zu den bisher Genannten kein Gestaltungsrecht, sondern ein besonderes Verhältnis, in dem Ansprüche oder Gestaltungsrechte zueinander stehen können. Das Konkurrenzverhältnis besagt, dass der Berechtigte zwar mehrere Rechte nebeneinander innehat, aber regelmäßig nur zur Geltendmachung von einem einzigen berechtigt ist. Diese führt daher zum Erlöschen aller anderen, in diesem Verhältnis stehenden Rechte.

Im Fall 31 hat Josef gegen Noah gemäß §§ 280 I u. III, 281 BGB einen Anspruch auf Schadensersatz statt der Leistung in Höhe der nun erforderlichen 200 € Mehrkosten. Dieser Anspruch verdrängt seinen ursprünglichen, auf Reparatur des Hochsitzes gerichteten, Erfüllungsanspruch aber nicht automatisch. Nach § 281 IV BGB (lesen!) ist dieser (und nach h.M. auch der Gegenleistungsanspruch) nämlich erst ausgeschlossen, wenn der Gläubiger Schadensersatz statt der Leistung verlangt. Bis zu diesem Zeitpunkt stehen der Erfüllungsanspruch und der Anspruch auf Schadensersatz in elektiver Konkurrenz nebeneinander.

Leistungsmodalitäten

Von der Möglichkeit, auf die geschuldete Leistung einzuwirken, ist das Entscheidungsrecht des Schuldners innerhalb einer nicht näher bestimmten Leistungspflicht abzugrenzen. Soll er z.B. 10 € zahlen, steht es ihm frei, diese Leistung durch einen 10 €-Schein, zwei 5 €-Scheine, in

Euro- oder Centmünzen oder jeder anderen denkbaren Kombination zu erbringen. Hierbei handelt es sich nur um Modalitäten der Leistung. Die Auswahl bleibt dem Schuldner daher ebenso überlassen, wie etwa dem Koch, der das bestellte Steak in der Pfanne seiner Wahl anbraten darf. Maßgeblich für die Frage, ob es sich um eine bloße Leistungsmodalität handelt, ist die konkrete Vereinbarung. Hätte der Gast mit dem Kellner besprochen, der Koch möge zum Braten seine einzige Gusspfanne verwenden, so läge darin keine bloße Modalität mehr. Das Verwenden der Gusspfanne wäre dann ein Teil der geschuldeten Leistung, von der nicht ohne weiteres abgewichen werden darf.

Es gilt dann der Grundsatz: Verträge sind einzuhalten = pacta sunt servanda!

Einseitige Leistungsbestimmungsrechte und Leistungsbestimmung durch Dritte

Neben der Möglichkeit, den Leistungsinhalt zu konkretisieren oder zu ersetzen, können die Parteien die nähere Bestimmung des Vertragsinhalts bei Vertragsschluss auch ausdrücklich offen lassen. Sie können vereinbaren, dass die Einzelheiten

- ▶ durch eine Partei oder

- ▶ durch einen Dritten

festgelegt werden sollen, §§ 315 ff. BGB. Der Wirksamkeit des Schuldverhältnisses steht das nicht entgegen, da die geschuldete Leistung bestimmt oder wenigstens bestimmbar sein muss. Hinreichende Bestimmbarkeit liegt vor, wenn die Leistung nach objektivem Maßstab ermittelt werden kann. Die objektive Bestimmbarkeit ist aber auch dann gewahrt, wenn die Bestimmung einem der Vertragspartner oder einem Dritten vorbehalten wird. Die Bestimmung i.S.v § 315 BGB ist eine rechtsgestaltende Willenserklärung der berechtigten Partei. Sie ist, wie jede empfangsbedürftige Willenserklärung, nach ihrem Zugang unwiderruflich, § 130 I BGB.

Soll die Leistung durch eine der Vertragsparteien bestimmt werden, ist nach dem Gesetz im Zweifel anzunehmen, dass die Bestimmung nach

billigem Ermessen zu treffen ist. Anderenfalls ist sie für den Vertragspartner nicht verbindlich und muss dann nach § 315 III BGB durch Urteil getroffen werden.

Für gegenseitige Verträge enthält § 316 BGB eine **Auslegungsregel**:

> Ist das Entgelt einer Leistung **nicht bestimmt**, so ist zur **Bestimmung** berechtigt, wer das Entgelt zu fordern hat.

Fall 32

Jan kauft bei Bruno ein Gemälde mit der Vereinbarung, dass sein Bruder Johann, ein bekannter Kunsthändler, den angemessenen Kaufpreis bestimmen soll. Welche Folgen hat dies für die vertragliche Abrede? Ist eine solche Vereinbarung überhaupt möglich?

Die Parteien können aufgrund der Vertragsfreiheit vereinbaren, dass ein Dritter den Leistungsinhalt bestimmt. Häufig geschieht das, wenn für die Bestimmung besondere Sachkunde erforderlich ist. In diesem Fall ist gemäß § 317 I BGB im Zweifel anzunehmen, dass auch sie nach billigem Ermessen zu erfolgen hat. Möglich ist nach § 319 II BGB aber auch, dass die Bestimmung in das freie Ermessen oder Belieben des Dritten gestellt wird.

Im **Fall 32** können die Parteien die Preisfestlegung folglich gemäß § 317 I BGB dem Kunstexperten Johann überlassen.

Neben der Leistungsbestimmung kann der Dritte auch die Aufgabe haben, Tatsachen oder die Erfüllung von Tatbestandsmerkmalen für die Parteien verbindlich festzustellen. Hierauf sind die Vorschriften der §§ 315 ff. BGB **entsprechend** anwendbar. Für diese Konstellation hat sich die Bezeichnung **Schiedsgutachten** durchgesetzt.

II. Erfüllung und Erfüllungssurrogate

Lektion 7: Erfüllung, Erfüllungs statt und erfüllungshalber

Erfüllung

Fall 33
Jan fährt mit einem Taxi vom Flughafen nach Hause. Vor der Haustür angekommen zahlt er den Fahrpreis und steigt aus. Der Taxifahrer hat es sehr eilig, zum nächsten wartenden Kunden zu kommen. Daher übersieht er aus Nachlässigkeit Jan, der noch sehr nahe an seinem Wagen steht und fährt ihm so schwungvoll über den Fuß, dass der große Zeh bricht. Steht Jan ein vertraglicher Schadensersatzanspruch zu, obwohl der Taxifahrer seine Hauptleistungspflicht – den Transport vom Flughafen nach Hause – bereits vollständig erfüllt hat?

Fall 34
Jan hat ein Radsportgeschäft eröffnet und seinem 20. Besucher – dem 12jährigen Paul – ein Juniorrad geschenkt. Dieser nimmt es gleich mit nach Hause. Am Abend fragt sich Jan, ob er richtig gehandelt hat. Insbesondere ist er besorgt, dass Pauls Eltern möglicherweise nochmals ein Juniorrad von ihm verlangen könnten. Zu Recht?

Fall 35
Rechtsanwalt Rastlos hat keine Zeit zum Einkaufen. Daher bestellt er alles im Versandhandel. Da er aber nie zu Hause ist, muss seine Haushälterin täglich die Pakete für ihn entgegennehmen. Tritt bereits in diesem Moment Erfüllung ein?

Erfüllung ist das Bewirken der geschuldeten Leistung, das nach § 362 I BGB zum Erlöschen des Schuldverhältnisses führt. Hinsichtlich der Rechtsfolge stimmt das allerdings nur für das Schuldverhältnis im engeren Sinne, also den Anspruch. Das Schuldverhältnis im weiteren Sinne wirkt dagegen auch nach der Erfüllung zumindest noch als Rechtsgrund für das Behaltendürfen der Leistung fort. Außerdem können die innerhalb des Schuldverhältnisses enthaltenen Schutzpflichten noch über den Zeitraum der Erfüllung der Hauptleistungspflichten hinaus

Lektion 7: Erfüllung, Erfüllungs statt und erfüllungshalber

fortbestehen. Sie dauern regelmäßig solange an, wie die schuldrechtliche Sonderverbindung eine erhöhte Einwirkungsmöglichkeit auf die Rechtsgüter des jeweils anderen ermöglicht. Daher ist der Taxifahrer im Fall 33 gegenüber Jan nach §§ 280 I S. 1, 241 II BGB zum Schadensersatz verpflichtet, obwohl die beiderseitigen Hauptleistungspflichten (Beförderung und Entrichtung des Fahrpreises) bereits erfüllt sind.

„Aus den Augen, aus dem Sinn" gilt im Schuldrecht also nur sehr beschränkt!

§ 362 I BGB charakterisiert die Erfüllung als Grundform der Schuldtilgung. Damit diese Folge eintreten kann, muss die geschuldete Leistung am rechten Ort, zur rechten Zeit und in der rechten Art und Weise erbracht werden. Regelmäßig muss die Leistung zudem an den Gläubiger als zutreffenden Leistungsempfänger bewirkt werden.

Hier ist allerdings Vorsicht geboten! Der Gläubiger muss nämlich auch zur Annahme der Leistung befugt sein. Die juristische Literatur hat für diese Berechtigung den Begriff Empfangszuständigkeit geprägt. Hier können Sie sich den Grundsatz merken, dass eine Person regelmäßig immer dann zum Empfang der Leistung berechtigt ist, wenn sie zuvor über ihren Anspruch auf diese Leistung verfügen durfte. Nimmt also etwa ein Geschäftsunfähiger oder ein beschränkt Geschäftsfähiger eine ihm zustehende Leistung entgegen, führt das regelmäßig nicht zur Erfüllung nach § 362 I BGB. Gleiches gilt, wenn einem vollgeschäftsfähigen Gläubiger die Verfügungsmacht über seine Forderung aus anderen Gründen entzogen wurde. Ihnen allen fehlt die Empfangszuständigkeit.

Im Fall 34 hat Jan mit seinem unguten Gefühl also grundsätzlich Recht gehabt. Der Anspruch von Paul aus dem wegen § 107 BGB (lesen!) wirksamen Schenkungsvertrag könnte aufgrund der fehlenden Empfangszuständigkeit noch nicht erloschen sein. Allerdings kommt ihm auch hier § 242 BGB (venire contra factum proprium) zu Hilfe. Danach können sich die gesetzlichen Vertreter des Minderjährigen – nach § 1629 Abs.1 BGB die Eltern – nicht auf die fehlende Empfangszuständigkeit ihres Kindes berufen, wenn sie den Erhalt der Leistung zumindest konkludent genehmigen. Erfahren sie von dem Vorfall, müssen Sie sich also entscheiden, ob sie Paul mit dem Rad fahren lassen und damit durch schlüssiges Verhalten zum Ausdruck bringen, dass sie mit dem Erhalt der Leistung einverstanden sind oder nicht.

Leitsatz 7

Empfangszuständigkeit

Erfüllung durch Leistung an den Gläubiger **setzt voraus**, dass dieser empfangszuständig ist. Das ist regelmäßig dann der Fall, wenn der Gläubiger zuvor allein über seinen Anspruch auf diese Leistung verfügen konnte.

Der Leistung an den Gläubiger steht die Leistung an seinen Empfangsvertreter oder Empfangsboten gleich. In diesen Fällen handelt es sich nicht um einen Dritten im Sinne von § 362 II BGB. Was ein Stellvertreter oder Bote ist, können Sie ausführlich in dem Buch Allgemeiner Teil des BGB – *leicht gemacht*® nachlesen. Hier nur so viel: Die Haushälterin des Rastlos im Fall 35 gilt nach Ansicht des Rechtsverkehrs als geeignet und ermächtigt, um Sachen für diesen entgegenzunehmen. Sie ist daher Empfangsbotin und die „Leistung an sie" ist in Wirklichkeit eine Leistung an Rastlos, die zur Erfüllung führt.

Im Gegensatz zu einer Leistung an einen Vertreter oder Boten befreit die Leistung an einen Dritten im Zweifel nicht. Abweichend von diesem Grundsatz kann auch sie befreiende Wirkung besitzen, wenn der Dritte vom Gläubiger zur Entgegennahme der Leistung ermächtigt ist, §§ 362 II, 185 BGB. Gleiches gilt, wenn dem Dritten an der Forderung ein Nießbrauch oder Pfandrecht zusteht.

Befreiend leistet der Schuldner an einen Nichtgläubiger auch dann, wenn sich dieser durch einen Rechtsscheinstatbestand legitimiert und der Leistende darauf vertraut hat. Legitimation durch den Rechtsschein setzt voraus, dass der Scheingläubiger, gestützt auf einen Rechtsscheinstatbestand, vorgibt, der richtige Gläubiger zu sein. Einen solchen Rechtsscheinstatbestand enthält etwa § 370 BGB für den Überbringer einer Quittung. Dieser gilt als ermächtigt, die Leistung zu empfangen, sofern nicht die dem Leistenden bekannten Umstände der Annahme einer solchen Ermächtigung entgegenstehen. Ähnliches bestimmt § 2366 BGB für den Inhaber eines Erbscheins. Dieser gilt kraft öffentlichen Glaubens als zur wirksamen Geltendmachung von Forderungen aus der Erbschaft berechtigt.

Keine Leistung an einen Dritten stellt die Zahlung auf ein Bankkonto dar. Vielmehr handelt es sich bei der Bank in dieser Konstellation nur um eine vom Gläubiger benannte Zahlstelle. Leistungsempfänger bleibt daher der benennende Gläubiger selbst.

Wenn zwischen Schuldner und Gläubiger mehr als nur eine einzige Forderung besteht, ist es grundsätzlich dem Schuldner überlassen, die zu tilgende Forderung auszuwählen (Tilgungsbestimmung, § 366 I BGB). Fehlt es an einer solchen Bestimmung, regelt das Gesetz die Anrechnung der Zahlung in der in § 366 II BGB normierten Reihenfolge, also Fälligkeit, geringe Sicherheit, Lästigkeit für den Schuldner und Alter der Schuld. In Abweichung dazu legt § 367 I BGB als Sonderregel fest, dass die Zahlung zuerst auf die Hauptforderung, dann auf die Zinsen und erst dann auf die Kosten angerechnet wird.

Steht dem Gläubiger ein Auskunftsanspruch zu, wird dieser durch die formal ordnungsgemäße Mitteilung sämtlicher Informationen erfüllt. Die inhaltliche Richtigkeit ist keine Voraussetzung für die Erfüllung. Beanstandungen sachliche Art berühren daher die Erfüllung des Anspruchs nicht. Weil der Schuldner aber auch mit einer falschen Auskunft seine Verpflichtung erfüllt, kann der Gläubiger weder Ergänzung noch Berichtigung verlangen. Gefordert werden kann aber die Abgabe einer strafbewehrten (§ 156 StGB) Versicherung an Eides statt (§§ 259 II, 260 II BGB).

Leistung an Erfüllungs statt und erfüllungshalber

Fall 36
Der immer klamme Sigurd hat bei Jan ein neues Rennrad für 1.000 € erworben. Da noch 500 € aus der Forderung offen sind, überredet er Jan, anstelle des Geldes ein gebrauchtes Mountainbike anzunehmen. Später stellt sich heraus, dass dieses defekt ist. Jan verlangt nun wieder die Zahlung von 500 €. Wie ist die Rechtslage?

Erbringt der Schuldner eine andere als die geschuldete Leistung, so führt das nur dann zur Tilgung der Schuld, wenn der Gläubiger sie als Erfüllung annimmt. Dem Schuldner kann also prinzipiell die Befugnis eingeräumt werden, die Schuld durch eine andere als die geschuldete Leistung zu tilgen, § 364 I BGB. Die Tilgungsleistung wird damit aber nicht selbst zur geschuldeten Leistung, sie bleibt vielmehr bloßes Tilgungsmittel. Die Berechtigung zur Leistung an Erfüllungs statt kann sowohl zeitgleich mit dem Bewirken der Leistung als auch vorher begründet werden. Letztere Alternative wird gelegentlich auch als Ersetzungsbefugnis des Schuldners bezeichnet. Das ist jedoch unzutreffend, da bei der Leistung an Erfüllungs statt nichts ersetzt, sondern nur eine alternative Tilgungsmöglichkeit ausgenutzt wird.

Ist die an Erfüllungs statt gegebene Sache oder Forderung wie in Fall 36 mit einem Mangel behaftet, stehen dem Gläubiger nach § 365 BGB die Rechte zu, die er als Käufer der Sache gehabt hätte. Die durch Leistung an Erfüllungs statt getilgte Forderung lebt also nicht von selbst wieder auf. Grundsätzlich ist der Gläubiger daher bei Mängeln gemäß §§ 437 Nr. 1, 439 BGB auf den Nacherfüllungsanspruch verwiesen. Wenn aber die Voraussetzungen des § 323 BGB vorliegen, kann er nach § 437 Nr. 2 BGB zurücktreten und vom Schuldner im Wege der Rückabwicklung die Wiedereinräumung der ursprünglichen Forderung verlangen. Um dem Gläubiger den damit verbundenen unsinnigen Weg zweier Prozesse zu ersparen, ist es zulässig, dass er unmittelbar auf Erfüllung der eigentlich zunächst einzuräumenden, ursprünglichen Forderung klagt. Tritt Jan demnach im Fall 36 zurück, hat er einen Anspruch auf Wiederbegründung der ursprünglichen Zahlungsforderung in Höhe von 500 €.

In Abgrenzung zur Leistung an Erfüllungs statt führt die Annahme einer anderen als der geschuldeten Leistung erfüllungshalber nicht zur Tilgung der Schuld. Vielmehr soll sich der Gläubiger durch Verwertung des ihm erfüllungshalber geleisteten Gegenstandes befriedigen. Hierbei hat er die verkehrsübliche Sorgfalt walten zu lassen. Nur wenn ihm das erfolgreich gelingt, erlischt die bis dahin fortbestehende aber regelmäßig konkludent gestundete Forderung. Misslingt die Verwertung hingegen, bleibt dem Gläubiger die ursprüngliche Forderung erhalten. Bis zur Befriedigung des Gläubigers geht der erfüllungshalber geleistete Gegenstand zumeist bereits treuhänderisch auf diesen über, um ihn dem Zugriff etwaiger anderer Gläubiger des Schuldners zu entziehen.

Ob eine Leistung an Erfüllungs statt oder erfüllungshalber gewollt ist, muss durch Auslegung der Parteivereinbarung ermittelt werden. Diese hat zunächst nach den allgemeinen Grundsätzen zu erfolgen, §§ 133, 157 BGB. Wird statt der geschuldeten Sache eine davon nur geringfügig abweichende geleistet und vom Gläubiger angenommen (z.B. statt des geschuldeten Fahrrads ein anderes von etwa gleichem Wert) spricht das für eine Leistung an Erfüllungs statt. Der Gläubiger geht hier schließlich kein wirtschaftliches Risiko ein. Soll der Gläubiger einer Geldforderung hingegen eine vom Schuldner gelieferte Sache vereinbarungsgemäß verkaufen, um dadurch zu seinem Geld zu kommen, ist regelmäßig erfüllungshalber geleistet worden.

Für einen speziellen Fall enthält das Gesetz eine Auslegungsregel:

> Übernimmt der Schuldner zum Zwecke der Befriedigung des Gläubigers diesem gegenüber eine neue Verbindlichkeit und lässt sich trotz Auslegung nicht sicher bestimmen, ob eine Leistung an Erfüllungs statt oder erfüllungshalber gewollt war, so ist nach § 364 II BGB im Zweifel nicht anzunehmen, dass er die Verbindlichkeit an Erfüllungs statt übernimmt.

Über den Wortlaut der Norm hinaus, die eigentlich nur von einer neuen Verbindlichkeit des Schuldners spricht, ist auch bei der Begründung oder Übertragung eines Anspruchs gegen einen Dritten von diesem Regel-Ausnahme-Verhältnis auszugehen. Es kann nämlich im Zweifel nicht angenommen werden, dass der Gläubiger bereit ist, dass Risiko der Insolvenz des Dritten zu tragen. Daher wird er die gegen den Dritten gerichtete Forderung nur erfüllungshalber als weitere Befriedigungsmöglichkeit annehmen und zur Sicherheit seinen ursprünglichen Anspruch vorerst aufrechterhalten wollen.

Erfüllung ist die Tilgung der Schuld durch Erbringung der geschuldeten Leistung.

Erfüllungssurrogate tilgen die Schuld durch eine andere, nicht geschuldete Leistung.

Lektion 8: Weitere Erfüllungssurrogate

Aufrechnung

Eine weitere Möglichkeit, um Forderungen zum Erlöschen zu bringen, ist die Aufrechnung.

Fall 37
Jan hat eine Kaufpreisforderung von 500 € gegen Sigurd. Dieser hat eine Forderung auf Rückzahlung eines Darlehens in Höhe von 500 € gegen Jan. Sigurd will beide Forderungen „aus der Welt schaffen". Wie kann er vorgehen?

Fall 38
Jans Kaufpreisforderung ist bereits verjährt. Wie ist die Rechtslage?

Fall 39
Nach der Aufrechnung verlangt Jan die bis zur Aufrechnungserklärung angefallenen Zinsen. Zu Recht?

Fall 40
Auch der 12jährige Christian rechnet auf. Später genehmigen seine Eltern diese Aufrechnung. Ist sie wirksam?

Fall 41
Katrin schuldet Volker noch 5.000 € aus dem Kauf eines Pferdes. Da Katrin auch nach zwei Jahren nicht zahlen will und Volker aus sicherer Quelle erfahren hat, dass es bei ihr auch im Wege der Zwangsvollstreckung nichts zu holen gibt (auch das Pferd steht nicht mehr in ihrem Eigentum), entschließt er sich, zu anderen Mitteln zu greifen. Zwar hat Volker die 5.000 € inzwischen abgeschrieben, um aber zumindest als „informeller Sieger aus der Sache zu kommen" und seine Forderung zu „nutzen", zerstört er mutwillig Katrins Notebook. Als diese ihn anbrüllt, sie werde ihn auf Schadensersatz verklagen, erklärt Volker diesbezüglich lächelnd die Aufrechnung. Fühlt er sich zu Recht sicher?

Lesen Sie bitte § 387 BGB!

Mit der Aufrechnung nach § 387 BGB besteht die Möglichkeit, zwei wechselseitige Forderungen zu tilgen, ohne dass die gegenseitig geschuldeten Leistungen ausgetauscht werden müssen. Sie ist eine vereinfachte Form der Forderungsdurchsetzung. Es ist keine Klage, kein Urteil und keine Zwangsvollstreckung erforderlich und die Aufrechnung ist prinzipiell sogar noch im Insolvenzverfahren des Schuldners möglich. Man spricht insoweit von der Vollstreckungs- und Sicherungsfunktion der Aufrechnung. Eine weitere Funktion der Aufrechnung ist die Tilgung der gegen den Schuldner gerichteten Hauptforderung durch Hingabe der Gegenforderung. Aus diesem Grund handelt es sich auch bei der Aufrechnung um ein Erfüllungssurrogat.

Die Möglichkeit zur Aufrechnung ist ein Gestaltungsrecht, das seine Wirkung erst durch rechtsgestaltende Willenserklärung entfaltet. Im Gegensatz zu anderen Rechtsordnungen kennt das Zivilrecht des BGB keine von selbst eintretende Verrechnung gegenseitiger Forderungen. Diese kann aber zwischen den Beteiligten vertraglich vereinbart werden (Kontokorrent).

Trotz des Vorliegens der genannten Aufrechnungsvoraussetzungen kann nicht aufgerechnet werden, wenn ein Aufrechnungsverbot besteht.

Übersicht 13: Grundlagen für Aufrechnungsverbote

- **Vereinbarung**, vgl. §§ 391 II, 309 Nr. 3, 556 b II BGB

- **Beschlagnahme der Passivforderung**, § 392 BGB

- Verbot der Aufrechnung gegen eine Forderung aus **vorsätzlich begangener unerlaubter Handlung**, § 393 BGB

- Gleiches gilt für die Aufrechnung gegen eine **unpfändbare Forderung**, § 394 BGB i.V.m. §§ 850 ff. ZPO

- Aufrechnungsmöglichkeiten gegen die **öffentliche Hand** sind eingeschränkt, § 395 BGB

Die Lösung von Fall 37 ergibt sich aus § 387 BGB. Sigurd könnte übrigens auch dann aufrechnen, wenn er nur eine Gegenforderung

(Aktivforderung = Forderung mit der aufgerechnet wird) in Höhe von 400 € hätte, dann bliebe die Hauptforderung (Passivforderung = Forderung gegen die aufgerechnet wird) von Jan in Höhe von 100 € bestehen. Das ergibt sich aus § 389 BGB.

Prüfschema 1: Aufrechnung

Liegt eine wirksame Aufrechnung vor?

- **Wechselseitige** Forderungen?
  Schulden sich der Aufrechnende und der Aufrechnungsgegner gegenseitig etwas?

- **Gleichartigkeit** der Forderungsgegenstände?
  Der Anspruch des Aufrechnenden gegen den Aufrechnungsgegner und der Anspruch des Aufrechnungsgegners gegen den Aufrechnenden müssen sich auf gleichartige Forderungsgegenstände richten. Das ist etwa der Fall, wenn beide einander Geld schulden.

- **Fälligkeit bzw. Durchsetzbarkeit** der Forderung des Aufrechnenden?
  Besteht die Forderung des Aufrechnenden und ist sie fällig bzw. einredefrei?
  Liegen die Voraussetzungen zur Aufrechnung mit einer verjährten Forderung nach § 215 BGB vor?

- **Erfüllbarkeit** der Forderung des Aufrechnungsgegners?
  Darf der Aufrechnende seine eigene Leistung bereits erbringen?

- **kein Aufrechnungsverbot?** (s. Übersicht 13)
  Besteht ein gesetzliches oder vertraglich vereinbartes Aufrechnungsverbot?

- **Aufrechnungserklärung?**
  Die Aufrechnungsmöglichkeit ist ein Gestaltungsrecht. Wurde die Aufrechnung erklärt?

Sigurd könnte beispielsweise ruhig zusehen, wie Jan zahlungsunfähig wird. Er könnte dann immer noch, sogar in der Insolvenz der Gegenseite, aufrechnen. Ohne diese Aufrechnungsmöglichkeit müsste sich Sigurd einen Vollstreckungstitel gegen Jan (z.B. Urteil, Vollstreckungsbescheid) beschaffen und in dessen Vermögen die Zwangsvollstreckung (z.B. Pfändung durch Gerichtsvollzieher oder durch Pfändungs- und Überweisungsbeschluss) betreiben. Das alles kann er sich durch eine Aufrechnung ersparen.

Wegen der notwendigen Gegenseitigkeit der Forderungen könnte Sigurd aber nicht aufrechnen, wenn sein Schuldner nicht Jan, sondern etwa dessen Freundin Claudia wäre. Gleiches würde etwa gelten, wenn seine eigene Gegenforderung auf Lieferung von Kartoffeln im Wert von 500 € ginge. In diesem Fall wären Haupt- und Gegenforderung nicht gleichartig.

Fall 38 löst sich wie folgt: Sigurd braucht Jans Kaufpreisforderung nicht zu erfüllen, wenn er die Verjährungseinrede geltend macht. Die Forderung kann aber noch erfüllt werden. Insbesondere ein redlicher Kaufmann wird sich gegenüber seinen Geschäftspartnern regelmäßig nicht auf die Verjährungseinrede berufen. Da Sigurd die gegen ihn gerichtete Forderung (Passivforderung) also noch erfüllen kann, darf er sie auch zur Aufrechnung nutzen.

Die Konstellation in Fall 38 dürfen Sie keinesfalls mit der des § 215 BGB verwechseln. Danach schließt auch die Verjährung der Aktivforderung die Aufrechnung nicht aus, wenn diese in dem Zeitpunkt noch nicht verjährt war, in dem erstmals aufgerechnet werden konnte. Das Gesetz erkennt damit ein schützenswertes Interesse des Schuldners der Hauptforderung am Erhalt der einmal eingetretenen Aufrechnungslage an. Wäre also die Darlehensforderung von Sigurd bereits verjährt, so käme es wegen § 215 BGB darauf an, ob sich diese und der gegen ihn gerichtete Kaufpreiszahlungsanspruch jemals unverjährt gegenüberstanden. Wäre das der Fall, könnte Sigurd den Anspruch von Jan auch noch mithilfe seines bereits verjährten Gegenanspruchs zum Erlöschen bringen.

Um hier Fehler zu vermeiden, müssen Sie bei der Aufrechnung immer streng zwischen Aktiv- und Passivforderung unterscheiden!

Leitsatz 8

Aktiv- und Passivforderung bei der Aufrechnung

Die **Aktivforderung** (auch **Gegenforderung**) ist die Forderung mit der aufgerechnet wird. Sie steht dem **Aufrechnenden gegen den Aufrechnungsgegner** zu und wird zur Tilgung der Hauptforderung hingegeben.

Die **Passivforderung** (auch **Hauptforderung**) ist die Forderung gegen die aufgerechnet wird. Sie steht dem **Aufrechnungsgegner gegen den Aufrechnenden** zu. Da es das Ziel des Aufrechnenden ist, sich von ihr zu befreien, und die Aufrechnung daher ein **Erfüllungssurrogat** darstellt, heißt die Passivforderung auch Hauptforderung.

Soweit sich die Forderungen decken, erlöschen sie in dem Zeitpunkt, in dem sie erstmals zur Aufrechnung geeignet einander gegenüberstanden. Damit stellt das Gesetz nicht auf den Zeitpunkt der Erklärung, sondern auf den der Aufrechnungslage ab. Diese Rückwirkungsfiktion folgt auch einer wirtschaftlichen Betrachtungsweise (damals konnten die Forderungen schon „verrechnet" werden). Soweit Aktiv- und Passivforderung durch Aufrechnung rückwirkend erlöschen, können von der Aufrechnungslage an auch keine auf sie gestützten Zinsen mehr verlangt werden. Jan kann im Fall 39 die von der Aufrechnungslage bis zur Aufrechnungserklärung angefallenen Zinsen nicht verlangen.

Im Fall 40 ist es etwas komplizierter: Durch die Aufrechnungserklärung wird die Rechtslage gestaltet. Es erlöschen die Forderungen, soweit sie sich gegenüberstanden. Auch der Aufrechnende verfügt demnach über sein Recht. Da es sich bei der Aufrechnungserklärung um ein einseitiges Rechtsgeschäft handelt, ist sie bei Minderjährigkeit des Aufrechnenden gemäß § 111 S. 1 BGB grundsätzlich ohne Einwilligung des gesetzlichen Vertreters unwirksam. Auch die Genehmigung des gesetzlichen Vertreters könnte daran nichts ändern. Anderes würde nur gelten, wenn die Aufrechnung für den beschränkt Geschäftsfähigen (§ 106 BGB) lediglich rechtlich vorteilhaft im Sinne von § 107 BGB wäre. Zu diesem Gedanken könnte der Umstand verleiten, dass es sich bei der Aufrechnung um ein Erfüllungssurrogat handelt, das Christian von der gegen ihn gerichteten Verbindlichkeit befreit. Diese einseitige Betrachtung wäre allerdings grob falsch! Zugleich mit der Befreiung verliert Christian nämlich auch seine eigene Gegenforderung. Daher ist die Aufrechnung wegen § 111 S. 1 BGB unwirksam und die gegen ihn gerichtete Forderung besteht fort.

Im Fall 41 stehen sich zwar zwei gleichartige Ansprüche gegenüber, denn sowohl der Kaufpreiszahlungsanspruch aus § 433 II BGB als auch der Anspruch auf Schadensersatz nach §§ 823 I, 249 II S. 1 BGB sind auf Geld gerichtet. Trotz der damit bestehenden Aufrechnungslage ist die Aufrechnung aber ausgeschlossen. Der Grund dafür ist § 393 BGB, nach dem gegen eine Forderung aus einer vorsätzlich begangenen unerlaubten Handlung die Aufrechnung unzulässig ist. Ausgeschlossen ist danach aber nur die Aufrechnung gegen eine auf Vorsatz beruhende deliktische Forderung (Haupt-/Passivforderung). Katrin selbst könnte ihren Anspruch also ohne weiteres als Aktivforderung zur Aufrechnung gegenüber Volker verwenden.

Übersicht 14: Funktionen der Aufrechnung

Tilgungsfunktion	Das Erfüllungssurrogat Aufrechnung bewirkt die Tilgung der Hauptforderung durch Hingabe der Gegenforderung.
Vollstreckungsfunktion	Durch Aufrechnung ist es dem Schuldner möglich, seine eigene Forderung ohne die Inanspruchnahme staatlicher Hilfe durchzusetzen und nutzbar zu machen. Die Aufrechnung stellt daher eine besondere Form der Selbsthilfe dar.
Sicherungsfunktion	Fällt der Aufrechnungsgegner in Insolvenz, müsste der Aufrechnende seine eigene Verpflichtung grundsätzlich weiterhin vollständig erfüllen, während er von seinem eigenen Anspruch gegen den Aufrechnungsgegner regelmäßig nur die Insolvenzquote erhalten würde. Durch die zumeist auch noch in dieser Situation mögliche (§ 94 ff. InsO) Aufrechnung erlöschen beide Ansprüche vollständig, soweit sie sich decken.
Beschleunigungs- und Vereinfachungsfunktion	Durch Aufrechnung kann ein wechselseitiger Leistungsaustausch vermieden werden, wenn die Leistungen gleichartig sind. Das spart Zeit und vermeidet Aufwand bei der Beitreibung von Forderungen.

Schuldtilgung durch Notabwicklung

In manchen Situationen verliert der Gläubiger nach Abschluss des Verpflichtungsgeschäfts das Interesse am Erhalt der Leistung oder ist aus anderen Gründen an deren Entgegennahme gehindert. Für den Schuldner tritt damit ein sehr misslicher Zustand ein. Er bleibt weiterhin zur Leistung verpflichtet und trägt darüber hinaus das Risiko, auch bei einem nicht zu vertretenden Untergang seiner Leistung, wegen § 326 I BGB den Gegenleistungsanspruch einzubüßen (Gegenleistungs-/Preisgefahr).

Fall 42
Jan hat auf seinem Dachboden zehn Goldmünzen gefunden und telefonisch an Viktor verkauft. Da dieser vielbeschäftigt ist, scheitert die verabredete Übergabe mehrfach an der fehlenden Anwesenheit von Viktor. Jan ist sehr verärgert und befürchtet, man könne ihm die Münzen stehlen. Die Wahrscheinlichkeit werde schließlich mit jedem weiteren Tag bis zur Übergabe immer größer. Was kann er unternehmen?

Fall 43
Ähnlich wie Jan geht es auch Ludwig. Er hat die Landwirtschaft inzwischen aufgegeben und seine letzten zehn Hühner verkauft. Auch sein Käufer findet aber trotz mehrfacher Aufforderung keine Zeit, um die Tiere abzuholen. Kann Ludwig die Hühner hinterlegen?

Fall 44
Kapitän Ahab will sich zur Ruhe setzen und hat daher sein Schiff Bounty an Smollet verkauft. Trotz mehrfacher Aufforderung holt es dieser jedoch nicht ab. Was kann Kapitän Ahab tun.

Dem Risiko des Schuldners und seinem Interesse an einer zeitnahen Schuldtilgung auch gegen den Willen des Gläubigers trägt das BGB in den §§ 300 ff., 326 II u. 372 ff. BGB Rechnung. Dazu muss sich der Gläubiger im Annahmeverzug (vgl. Lektion 11) befinden. Ihm müsste also die Leistung nach § 294 BGB ordnungsgemäß vom Schuldner angeboten worden sein oder das Angebot müsste eine kalendermäßig bestimmte oder bestimmbare Mitwirkungshandlung des Gläubigers i.S.v. § 296 BGB voraussetzen, die dieser unterlassen hat.

Gerät der Gläubiger in Verzug, erlangen die §§ 303 und 372 ff. BGB als Erfüllungssurrogate besondere Bedeutung. Sie werden allgemein als Fälle der Notabwicklung bezeichnet.

In Fall 42 hatten sich Jan und Viktor bereits mehrfach zur Übereignung der Münzen verabredet. Ein ordnungsgemäßes Angebot i.S.v. § 294 BGB lag vor. Durch die fehlende Annahme kam Viktor nach § 293 BGB in Verzug, was für Jan die Möglichkeit der Notabwicklung eröffnet. Bei den Münzen handelt es sich um Kostbarkeiten i.S.v. § 372 BGB. Werden diese gemäß § 374 BGB unter Ausschluss des Rückforderungsrechts bei der richtigen Hinterlegungsstelle hinterlegt, wird Jan gemäß § 378 BGB in gleicher Weise von seiner Verbindlichkeit befreit, wie wenn er zur Zeit der Hinterlegung direkt an Viktor geleistet hätte.

Im Gegensatz dazu handelt es sich bei den Hühnern im Fall 43 – trotz aller Tierliebe – nicht um Kostbarkeiten und auch nicht um sonstige hinterlegungsfähige Gegenstände i.S.v. § 372 BGB. Eine Hinterlegung der Hühner scheidet daher aus. Auch Jan steht mit dem Selbsthilfeverkauf aber eine Notabwicklungsmöglichkeit zur Verfügung. Er kann die Hühner nach § 383 I S. 1 BGB versteigern und den Versteigerungserlös hinterlegen. Besitzen die Hühner sogar einen Marktpreis, so ist nach 385 BGB ein freihändiger Verkauf mit anschließender Hinterlegung des Entgelts möglich. Beide Varianten besitzen ebenfalls befreiende Wirkung.

Das BGB als Teil des Privatrechts regelt die Hinterlegung allerdings nur materiell-rechtlich. Das formelle Hinterlegungsverfahren besitzt dagegen eine öffentlich-rechtliche Natur und ist im Hinterlegungsrecht der Bundesländer geregelt. Dort finden sich beispielsweise Ausführungen zur Hinterlegungsstelle i.S.v. 374 II BGB, die bei den Amtsgerichten angesiedelt ist.

Von der Hinterlegung zum Zweck der Notabwicklung ist die erfüllende Hinterlegung zu unterscheiden. Während bei der Hinterlegung zum Zweck der Notabwicklung die ursprüngliche Leistung geschuldet bleibt und die Hinterlegung daher nur ein nicht geschuldetes Erfüllungssurrogat ist, kennt das BGB auch Fälle, in denen der Schuldner zur Hinterlegung verpflichtet ist. Diese treten häufig bei Personenmehrheit auf Gläubigerseite auf und finden sich etwa in den §§ 432 I S. 2, 1077 I S. 2, 1281 S. 2 Hs. 2 und 2039 S. 2 BGB. Verlangt hier einer der Gläubiger die Hinterlegung der Leistung, wird diese auch geschuldet. In diesem Fall führt die Hinterlegung zur Tilgung durch Erfüllung nach § 362 I BGB.

Unbewegliche Sachen sind weder nach § 372 BGB hinterlegungsfähig, noch ist nach §§ 383 ff. BGB ein Selbsthilfeverkauf zulässig. Nach § 303 BGB hat Kapitän Ahab im Fall 44 aber die Möglichkeit der Besitzaufgabe nach vorhergehender Androhung. Dieser ergänzt die Regelungen zu den beweglichen Sachen und bewirkt, dass der Schuldner von der Verpflichtung zur Besitzübertragung und von der Haftung für das Grundstück oder Schiff befreit wird. Eine eventuell daneben bestehende Pflicht zur Übereignung – etwa aus einem Kaufvertrag – bleibt unberührt. Kapitän Ahab kann nach vorheriger Androhung gegenüber Smollet den Besitz an der Bounty aufgeben.

Die Erfüllung und ihre Surrogate finden Sie in der folgenden Übersicht noch einmal zusammengefasst:

Übersicht 15: Erfüllung und Surrogate

Tilgung der Schuld durch:	Voraussetzung	Grundlage der Tilgungswirkung
Erfüllung	Bewirken der geschuldeten Leistung	§ 362 I BGB
Leistung an Erfüllungs statt	Leistung einer anderen als der geschuldeten Leistung; Einigung zwischen Gläubiger und Schuldner über den Eintritt der Tilgungswirkung	§ 364 I BGB
Leistung erfüllungshalber	Erbringung einer nicht geschuldeten Leistung; Abrede der Parteien über den vorrangigen Versuch des Gläubigers, sich aus der erhaltenen Leistung zu befriedigen; Stundung der geschuldeten Leistung bis zum endgültigen Erfolg/Misserfolg des Befriedigungsversuchs	Bei Erfolg des Befriedigungsversuchs durch Parteiabrede
Aufrechnung	Aufrechnungslage und Aufrechnungserklärung nach §§ 387f. BGB ➡ Hingabe der Gegenforderung zum Zweck der Schuldtilgung	§ 389 BGB

Hinter-legung	Bei hinterlegungsfähigen beweglichen Sachen i.S.v. § 372 BGB ➡ Hinterlegung des Leistungsgegenstandes unter Verzicht auf das Rücknahmerecht Bei hinterlegungsunfähigen beweglichen Sachen ➡ Selbsthilfeverkauf und Hinterlegung des Verkaufs- bzw. Versteigerungserlöses unter Verzicht auf das Rücknahmerecht	§§ 372 S. 1, 376 II Nr. 1, 378 BGB §§ 383 I S. 1 i.V.m 372 S. 1, 376 II Nr. 1, 378 BGB bzw. §§ 383 I S. 1, 385 i.V.m 372 S. 1, 376 II Nr. 1, 378 BGB
Besitz-aufgabe	Bei unbeweglichen Sachen ➡ Androhung und Besitzaufgabe	Nur Tilgung des Besitzverschaffungsanspruchs ➡ eventuell daneben bestehende Übereignungsansprüche bestehen fort

III. Leistungsstörungen

Lektion 9: Grundlagen / Verantwortlichkeit des Schuldners

Übersicht

Das rechtsgeschäftliche oder gesetzliche Schuldverhältnis ist auf ordnungsgemäßen Vollzug und damit primär auf Befriedigung des Gläubigers gerichtet. Dieses Ziel kann aber durch ein Verhalten des Schuldners oder des Gläubigers sowie durch andere, von außen kommende Umstände ganz oder teilweise vereitelt werden. Trotz der Vielzahl denkbarer Fälle lassen sich zumindest die Störungen der Haupt(leistungs-)pflichten in vier Hauptkategorien einteilen:

Der Schuldner leistet zu spät. (Verzug I)

Der Schuldner leistet, aber schlecht. (Schlechtleistung II)

Der Schuldner leistet nicht, weil er nicht kann. (Unmöglichkeit III)

Der Schuldner leistet nicht, aus sonstigen Gründen (insbesondere, weil er nicht will) (Nichtleistung IV)

Neben diesen wird auch die ursprünglich dem Gewohnheitsrecht entlehnte Figur der positiven Forderungsverletzung, die inzwischen über §§ 280 I S. 1, 241 II BGB Eingang ins BGB gefunden hat, dem Recht der Leistungsstörungen zugeordnet. Gemeint sind damit insbesondere die bereits mehrfach angesprochenen Verletzungen von Nebenpflichten (vor allem Schutzpflichten), die mit dem Leistungsinteresse des Gläubigers eigentlich nur am Rande zu tun haben. Ihr Schutzziel ist das Integritätsinteresse, also das Interesse, unabhängig vom Leistungsziel nicht an eigenen Rechtspositionen geschädigt zu werden. Sie erinnern sich sicher an den Taxifahrer in Fall 33. Das Interesse an der Hauptleistung war dort überhaupt nicht betroffen. Da aber auch die Verletzung von Schutzpflichten die erfolgreiche Abwicklung des Schuldverhältnisses beeinträchtigt, wird sie mit zu den Leistungsstörungen gezählt.

Lektion 9: Grundlagen / Verantwortlichkeit des Schuldners

Beispiele denkbarer Fälle: *Das zu liefernde Geschirr wird vor Lieferung vernichtet. Das vertraglich am 01.02. geschuldete Fahrzeug wird erst am 15.02. geliefert. Der geschuldete Maßanzug wird zwar pünktlich abgeliefert und sitzt „wie angegossen", ist aber so stark mit Schadstoffen kontaminiert, dass der Gläubiger erkrankt.*

Im Extremfall kann die Verletzung einer Pflicht aus § 241 II BGB aufgrund von § 282 BGB sogar dazu führen, dass der Gläubiger von seinem auf Erfüllung gerichteten Primärinteresse auf den Anspruch auf Schadensersatz statt der Leistung übergehen kann. Das ist der Fall, wenn zwar die eigentliche Leistungspflicht nicht gestört ist, dem Gläubiger aber die Leistungserbringung durch den Schuldner nicht mehr zugemutet werden kann.

Beispiel: *Der Maler beginnt zwar ordnungsgemäß damit, die Wohnung zu streichen, belästigt aber dabei die Ehefrau des Gläubigers.*

Die Störung kann demnach alle drei Arten von Primärpflichten aus einem Schuldverhältnis betreffen. Diese sind Hauptleistungspflichten (bilden den Hauptzweck des Vertrags), Nebenleistungspflichten (dienen der Vorbereitung, Sicherung und der Unterstützung bei der Erfüllung der Hauptleistung) und Nebenpflichten (dienen der Sicherung der Rechte und sonstigen Rechtsgüter des Vertragspartners). Je nach Intensität und Verursachung kann die Leistungsstörung Sekundärpflichten (insbesondere Schadensersatzansprüche) auslösen.

Ebenfalls in den Bereich des Leistungsstörungsrechts gehört auch die Störung der Geschäftsgrundlage. Haben sich nach Begründung des Schuldverhältnisses die Umstände derart verändert, dass einer Vertragspartei das Festhalten an den ursprünglichen Konditionen nicht mehr zuzumuten ist, kann nach § 313 I BGB unter bestimmten Voraussetzungen die Anpassung des Vertrags verlangt werden. Ist eine Anpassung des Vertrags nicht möglich oder nicht zumutbar, kann die benachteiligte Partei nach § 313 III BGB sogar zurücktreten oder kündigen.

Eine weitere im Rahmen des Leistungsstörungsrechts anzutreffende Rechtsfigur ist die culpa in contrahendo, die Sie bereits in Lektion 3 kennengelernt haben. Wie Sie sich sicher erinnern, handelt es sich dabei

Übersicht 16: Primärpflichten

▶ **Leistungspflichten** (dienen dem Erfüllungsinteresse des Gläubigers)

Hauptleistungspflichten	Nebenleistungspflichten
– bestimmen den Schuldvertragstyp – vermitteln einen eigenständigen Erfüllungsanspruch – § 241 I BGB	– dienen der Vorbereitung, Sicherung und vollständigen Erfüllung der Hauptleistung – Ergänzung der Hauptleistungspflicht – Wert der Nebenleistungspflicht beruht allein auf der unterstützten Hauptleistungspflicht – vermitteln einen eigenständigen Erfüllungsanspruch – beruhen auf Vertrag oder Gesetz
Beispiel: Beim Bootsverleih (in Wirklichkeit Miete nach § 535 BGB): Pflicht des Vermieters zur Überlassung des Gebrauchs am Boot und Pflicht des Mieters zur Zahlung der Miete	Beispiel: Beim Bootsverleih: Einweisung in die Benutzung des Boots

einklagbar

▶ **Nebenpflichten** (dienen der Sicherung der Rechte und sonstigen Rechtsgüter der jeweils anderen Partei)

Selbständige Nebenpflichten	Unselbständige Nebenpflichten
– dienen einem eigenen Zweck	– dienen keinem eigenen Zweck – beruhen entweder auf § 241 II (Schutzpflichten) oder sonst auf § 242 BGB
Beispiel: Anzeige- und Auskunftspflichten	Beispiel: Aufklärungs- und Schutzpflichten
einklagbar	nicht einklagbar

um die Verletzung von Sorgfalts- und/oder Obhutspflichten während der Vertragsanbahnung. Genau genommen müssen Sie sich mit der c.i.c. also keine eigenständige Art der Leistungsstörung merken, sondern nur in Erinnerung behalten, dass die zukünftigen Parteien nach § 241 II BGB bereits vor Vertragsschluss zur Rücksicht gegenüber den Rechtsgütern des anderen verpflichtet sind.

Übersicht 17: Störungen des Schuldverhältnisses

Störungen, die einer ordnungsgemäßen Abwicklung des Schuldverhältnisses entgegen stehen:

▶ Pflichten **vor** Vertragsabschluss verletzt (§ 311 II BGB)

▶ Leistung kann nicht erbracht werden (**Unmöglichkeit**)
▶ Leistung wird aus anderen Gründen nicht erbracht
▶ Leistung wird schlecht erbracht

▶ Leistung wird verspätet erbracht (**Schuldnerverzug**)

▶ Gläubiger nimmt Leistung nicht an oder wirkt bei der Erbringung nicht ordnungsgemäß mit (**Gläubigerverzug**)

▶ **Nebenpflichten werden verletzt**

▶ **Störung der Geschäftsgrundlage** (§ 313 BGB)

Für alle Formen von Schuldverhältnissen enthalten die §§ 275 bis 304 BGB Vorschriften über allgemeine Leistungsstörungen. Weitere speziellere Regeln finden sich beispielsweise in § 311a BGB für alle Verträge und in den §§ 330 bis 326 BGB für gegenseitige Verträge.

Leistungsstörungen gibt es nur in einem Schuldverhältnis. Erst wenn dieses positiv festgestellt wurde, kann in einem zweiten Schritt die Art der Leistungsstörung ermittelt werden. Für den auf Schadensersatz gerichteten Sekundäranspruch können Sie sich an dem folgenden, allgemeingültigen Prüfschema orientieren, das an die jeweilige Art der Pflichtverletzung anzupassen ist:

Prüfschema 2: Schadensersatzanspruch bei Pflichtverletzung

Schadensersatzanspruch bei Pflichtverletzung nach §§ 280 ff. BGB?

A. Wirksames **Schuldverhältnis?**

Besteht zwischen dem potenziellen Schuldner und dem potenziellen Gläubiger ein Schuldverhältnis? Das Schuldverhältnis kann sich aus Vertrag oder Gesetz ergeben.

B. **Pflichtverletzung** nach § 280 I BGB?

Begründet das Schuldverhältnis eine Pflicht, die der potenzielle Schadensersatzschuldner verletzt hat?

Ggf. Zusätzliche Voraussetzungen bei Pflichtverletzung nach den §§ 281, 282, 283 und 286 BGB

§ 280 I, II BGB i.V.m.		§ 280 I, III BGB i.V.m.	
§ 286 BGB **Schuldnerverzug**	§ 281 BGB **Schlechterfüllung, Verzögerung einer Leistungspflicht**	§ 282 BGB **Schlechterfüllung einer Nebenpflicht**	§ 283 BGB **nachträgliche Unmöglichkeit**
Ist der Schuldner in Verzug?	Erfolgte eine Fristsetzung oder ist diese entbehrlich nach § 281 II BGB?	Ist die Leistung durch den Schuldner dem Gläubiger nicht mehr zumutbar?	Befreiung von der Leistungspflicht nach § 275 I – III BGB?

C. **Vertretenmüssen?**

Der Schuldner muss die Pflichtverletzung zu vertreten haben. Hier gilt grundsätzlich der Maßstab des § 276 I BGB. Das Vertretenmüssen wird wegen § 280 I S. 2 BGB (bzw. § 286 IV BGB beim Verzug) vermutet.

D. Vorliegen eines ersatzfähigen **Schadens?**

Welcher Schaden ist im konkreten Fall ersatzfähig? Hier kommt es insbesondere darauf an, ob Sie einen Anspruch auf Schadensersatz statt der Leistung (§§ 280 I, II bzw. III i.V.m. 281 ff. BGB) oder neben der Leistung (§ 280 I BGB direkt) prüfen.

Verantwortlichkeit des Schuldners

Fall 45
Die Freunde Jan und Bjarne haben sich bisher immer gut verstanden, doch dann fährt Bjarne den von Jan geliehenen Pkw nach einer Feier im Vollrausch gegen einen Baum. Er will den entstandenen Schaden nicht ersetzen, weil er verschuldensunfähig gewesen sei. Hat er Recht?

Fall 46
Jan hat in seinem Radsportgeschäft telefonisch das letzte Rennrad zum Schnäppchenpreis von 500 € an Thomas verkauft. Kurze Zeit später erscheint Jens im Geschäft und bietet 700 € für das Rad. Da Jan ein schnelles Geschäft wittert, verkauft und übereignet er das Rad sofort an ihn. Als Thomas am nächsten Tag das Rad abholen will, erzählt ihm Jan von dem Vorfall. Kann Thomas 200 € Schadensersatz verlangen, wenn es ein vergleichbares Rad nun nur noch für 700 € zu kaufen gibt?

Fall 47
Jan hat seine langjährige Freundin Claudia geheiratet. Eines Tages ist Claudia mit Jans PKW in der Innenstadt unterwegs und sucht dringend einen Parkplatz. Bei dem Versuch einzuparken, fährt sie aus leichter Unachtsamkeit gegen einen Betonpfeiler. Dabei wird die Kofferraumklappe des Fahrzeugs beschädigt. Zwar ist Jan mit Claudia noch immer glücklich und ihm war schon vor der Hochzeit bekannt, dass sie immer etwas schusselig ist. Er fragt sich aber, ob er zumindest theoretisch einen Schadensersatzanspruch gegen Claudia hätte.

Fall 48
Jan bestellt 20 Räder bei einem Großhändler, die dieser am nächsten Tag anliefern soll. Ihm ist es besonders eilig mit dem Erhalt der Ware, da er bereits einige Abnehmer gewinnen konnte, die bei späterer Lieferung aber wieder abspringen würden. Der Händler beauftragt seine Mitarbeiter unverzüglich mit der Auslieferung. Da diese aber der Meinung sind, „der Chef solle es mal ruhig angehen lassen", verzögert sich die Auslieferung um eine Woche. Jan verlangt nun Schadensersatz vom Großhändler, da sich einige seiner Kunden aufgrund der Verzögerung bereits bei der Konkurrenz eingedeckt haben. Der Händler meint hingegen, zumindest er habe sich ordnungsgemäß verhalten und schulde daher nichts. Zu Recht?

Fall 49
Während des Sommers lagerte Jan die Winterreifen seines Autos in der Werkstatt des H ein. Einer der dort angestellten Mechaniker nutzte seinen Werkstattschlüssel um nachts eingelagerte Reifen wegzuschaffen und danach weiterzuverkaufen. Hat Jan einen Anspruch auf Schadensersatz gegen H?

Fall 50
Wie in Fall 47, nur wird bei dem Einparkmanöver zusätzlich der Pkw von Klaus beschädigt. Kann er von Jan und/oder Claudia Schadensersatz verlangen, wenn Claudia aufgrund eines plötzlichen unverschuldeten Bremsversagens gegen den Pkw von Klaus gefahren ist?

Einige Rechtsfolgen der Leistungsstörungen sind verschuldensunabhängig und treten damit auch ohne eine persönliche Verantwortlichkeit der Beteiligten ein. Zu diesen zählen etwa der Ausschluss der Leistungspflicht nach § 275 I BGB und die Pflicht zur Herausgabe des stellvertretenden commodums nach § 285 I BGB. Dagegen knüpft ein Großteil der Rechtsfolgen an das Vertretenmüssen durch den Schuldner an. Nur wenn dieser die Pflichtverletzung vorwerfbar herbeigeführt hat, ist er beispielsweise zum Schadensersatz nach den §§ 280 ff. BGB verpflichtet.

Die Frage, was der Schuldner im Einzelnen zu vertreten hat, ist primär in § 276 BGB geregelt. Danach muss er für Vorsatz und Fahrlässigkeit einstehen, wenn eine strengere oder mildere Haftung weder bestimmt noch aus dem sonstigen Inhalt des Schuldverhältnisses, insbesondere aus der Übernahme einer Garantie oder eines Beschaffungsrisikos, zu entnehmen ist. Unter Vorsatz wird das Wissen und Wollen der Verwirklichung der gesetzlichen Tatbestandmerkmale verstanden. Fahrlässig handelt dagegen nach § 276 II BGB, wer die im Verkehr erforderliche Sorgfalt außer Acht lässt. Gemeinsam mit dem Vorsatz bildet die Fahrlässigkeit das Verschulden als Unterfall des Vertretenmüssens. Es gilt daher nach § 276 BGB grundsätzlich das Verschuldensprinzip. Verschulden setzt in erster Linie voraus, dass der Verursacher verschuldensfähig ist. Die Verschuldensfähigkeit ist mittelbar im Deliktsrecht in den §§ 827, 828 BGB (dort eigentlich als Deliktsfähigkeit bezeichnet) geregelt, die über den Verweis des § 276 I S. 2 BGB ebenfalls ins Allgemeine Schuldrecht „vor die Klammer gezogen" werden.

Leitsatz 9

Vorsatz und Fahrlässigkeit

▶ **Vorsatz** ist das Wissen und Wollen der Verwirklichung der gesetzlichen Tatbestandmerkmale.
▶ **Fahrlässigkeit** ist das Außerachtlassen der im Verkehr erforderlichen Sorgfalt.

Leitsatz 10

Verschulden

Die **Verschuldensregeln** des Allgemeinen Schuldrechts besitzen **nicht nur** im Leistungsstörungsrecht Bedeutung, **sondern** gelten als Allgemeiner Teil für das Verschulden im **Zivilrecht** und darüber hinaus über Verweisnormen auch in **anderen Rechtsgebieten**.

Im Fall 45 war Bjarne in einem die freie Willensbestimmung ausschließenden Zustand und daher nach § 827 S. 1 BGB (lesen!) eigentlich nicht für den Schaden verantwortlich. Hat sich der Schädiger aber selbst durch berauschende (geistige!) Getränke oder ähnliche Mittel in diesen vorübergehenden Zustand versetzt, knüpft das Zivilrecht den Vorwurf an einen früheren Zeitpunkt, nämlich an das zumindest fahrlässige Betrinken. Nach § 827 S. 2 BGB ist Bjarne daher in gleicher Weise für den Schaden verantwortlich, wie wenn ihm Fahrlässigkeit bei der Schädigungshandlung selbst zur Last fiele.

Wie bereits das Sprichwort lehrt, trägt also auch im Recht nicht der Wein die Schuld am Rausch, sondern der Trinker!

Bjarne könnte sich daher nach § 827 S. 2 Hs. 2 BGB nur mit dem Einwand verteidigen, jemand habe ihm unbemerkt Alkohol ins Glas gemischt oder der Alkohol habe überraschenderweise zusammen mit Nahrungsmitteln oder Medikamenten gewirkt. Eine ähnliche Abstufung der Verschuldensfähigkeit ordnet § 828 BGB (lesen!) für den Minderjährigen an.

Übersicht 18: Verschuldensfähigkeit

Verschuldensunfähig sind:

▶ Kinder unter 7 Jahren, § 828 I BGB

▶ Kinder zwischen 7 und 10 Jahren in Bezug auf Schäden bei einem Verkehrsunfall, wenn sie nicht vorsätzlich handeln, § 828 II BGB

▶ Kinder und Heranwachsende bis 18 Jahre, denen die erforderliche **Einsichtsfähigkeit** fehlt, ihr Tun zu verantworten, § 828 III BGB

▶ Person im Zustand der **Bewusstlosigkeit**

▶ Person im Zustand **krankhafter Störung der Geistestätigkeit**, der die freie Willensbildung ausschließt, § 827 S. 1 BGB

▶ Person mit **selbstverschuldetem vorübergehendem Ausschluss** der freien Willensentscheidung, § 827 S. 2 BGB. Hierfür wird gehaftet wie für Fahrlässigkeit; keine Verantwortung trägt derjenige, der ohne Verschulden in diesen Zustand geraten ist.

Im Fall 46 hat Jan in Kenntnis seiner gegenüber Thomas bestehenden Verpflichtung aus § 433 I BGB gehandelt und den Verkauf bzw. die Übereignung an Jens bewusst herbeigeführt. Er handelte mithin vorsätzlich i.S.v § 276 I S. 1 BGB.

Grundsätzlich hat der Schuldner nach § 276 I S. 1 BGB jede Form von Fahrlässigkeit zu vertreten, also grobe, mittlere und leichte. An einigen Stellen im BGB hat der Gesetzgeber jedoch Haftungsprivilegierungen eingeführt. Eine davon folgt aus § 300 I BGB, nach dem der Schuldner im Annahmeverzug des Gläubigers nur Vorsatz und grobe Fahrlässigkeit zu vertreten hat. Diese ist gegeben, wenn die erforderliche Sorgfalt nach den gesamten Umständen in ungewöhnlich großem Masse verletzt worden ist und unbeachtet blieb, was im gegebenen Falle jedem hätte einleuchten müssen. Ähnliche Regelungen finden Sie beispielsweise im Besonderen Teil des Schuldrechts in den §§ 442 I S. 2, 521, 599, 617 I S. 1 BGB und 680 BGB. Mehr hierzu in Schuldrecht BT – *leicht gemacht* ®.

Daneben enthält das BGB mit der sogenannten eigenüblichen Sorgfalt (Sorgfalt, die der Schuldner in eigenen Angelegenheiten anzuwenden pflegt – diligentia quam in suis rebus adhibere solet) eine weitere besondere Form der Fahrlässigkeit. Ihre Grundlage findet sie in § 277 BGB, nach dem derjenige, der nur für die eigenübliche Sorgfalt einzustehen hat, zumindest von der Haftung wegen grober Fahrlässigkeit nicht befreit ist. Auch hier bemerken Sie erneut die Klammertechnik des Gesetzgebers: Der Allgemeine Teil des Schuldrechts enthält wieder nur die allgemeine Regel, während die einzelnen Fälle, in denen der Fahrlässigkeitsmaßstab auf die eigenübliche Sorgfalt beschränkt ist, wiederum in den nachfolgenden Büchern des BGB (§§ 690, 708, 1359, 1664 I u. 2131 BGB) geregelt sind.

Im Fall 47 kommt der § 1359 BGB zur Anwendung. Claudia haftet also nur für die Sorgfalt, die sie in eigenen Angelegenheiten anzuwenden pflegt. Da sie immer schusselig ist, muss sie gegenüber Jan für ihr leicht fahrlässiges Verhalten nicht einstehen.

In vielen Fällen bedient sich der Schuldner Hilfspersonen bei der Erfüllung seiner Verbindlichkeit. Diese sind nicht Vertragspartner und daher aus dem Vertrag auch nicht selbst verpflichtet. Eine Pflichtverletzung, die einen Anspruch nach §§ 280 ff. BGB auslösen würde, kann ihnen daher regelmäßig nicht vorgeworfen werden. Eine Ausnahme von diesem Grundsatz ist etwa die Sachwalterhaftung nach § 311 III BGB. Dem Geschädigten nutzt häufig auch ein deliktischer Anspruch, der ihm unter Umständen direkt gegen die Hilfsperson zusteht, nicht viel. Oftmals ist der die Hilfsperson einschaltende Schuldner nämlich deutlich solventer als die unmittelbar handelnde Hilfsperson. Es ist deshalb berechtigt, dass der Schuldner dem Gläubiger für das Verschulden seiner Hilfsperson so haftet, wie wenn ihn selbst ein Verschulden träfe.

Der Gesetzgeber hat aus diesem Grund mit § 278 S. 1 BGB eine Zurechnungsnorm geschaffen, nach der der Schuldner ein Verschulden seines gesetzlichen Vertreters und der Personen, derer er sich zur Erfüllung seiner Verbindlichkeit bedient, in gleichem Umfang zu vertreten hat wie eigenes Verschulden. Gesetzliche Vertreter sind etwa nach § 1629 I BGB die Eltern für ihr Kind und nach § 35 GmbHG der Geschäftsführer für die Gesellschaft. Dagegen ist Erfüllungsgehilfe, wer nach den tatsächlichen Gegebenheiten mit dem Willen des Schuldners bei der Erfüllung einer diesem obliegenden Verbindlichkeit als seine Hilfsperson tätig wird.

Prüfschema 3: Einstehenmüssen für fremdes Verschulden

Muss für fremdes Verschulden eingestanden werden?

- Besteht ein **Schuldverhältnis?**
  (es genügt, dass zwischen Gläubiger und Schuldner eine rechtliche Sonderverbindung besteht, aus der sich Verbindlichkeiten ergeben)

- Ist der Handelnde **gesetzlicher Vertreter** des Schuldners oder dessen **Erfüllungsgehilfe?**
  (Erfüllungsgehilfe ist, wer nach den tatsächlichen Gegebenheiten mit dem Willen des Schuldners bei der Erfüllung einer diesem obliegenden Verbindlichkeit als seine Hilfsperson tätig wird)

- Ist das Tätigwerden gerade in **Vertretung** oder **in Erfüllung** der Verbindlichkeit erfolgt?
  (Die vom Erfüllungsgehilfen bzw. gesetzlichen Vertreter verrichtete Tätigkeit muss im Bereich des vom Schuldner geschuldeten Gesamtverhaltens liegen.)

Im Fall 48 bediente sich der Händler bei der Erfüllung des Liefervertrags seiner Mitarbeiter. Diese handelten insoweit als Erfüllungsgehilfen, für die der Händler nach § 278 S. 1 BGB einzustehen hat.

Besondere Beachtung bei der Prüfung von § 278 BGB verdient das Merkmal bei Erfüllung einer Verbindlichkeit. Das bedeutet, die schuldhafte Handlung des gesetzlichen Vertreters oder des Erfüllungsgehilfen muss in einem unmittelbaren sachlichen Zusammenhang mit der Tätigkeit stehen, die der Hilfsperson bei der Vertragserfüllung zugewiesen wurde. Sie darf nicht nur bei Gelegenheit der Erfüllung geschehen sein. Nicht ausreichend ist die Einschaltung einer Hilfsperson jedenfalls dann, wenn die Zuweisung des Aufgabenbereichs nicht gefahrerhöhend gewirkt hat. Selbst vorsätzliches strafbares Verhalten kann aber den Tatbestand des § 278 BGB erfüllen. Ob im Einzelfall ein unmittelbarer sachlicher Zusammenhang vorliegt, ist anhand der genannten Kriterien zu ermitteln.

Zumindest für die Konstellation im Fall 49 hat aber bereits das Reichsgericht entschieden, dass § 278 BGB zur Anwendung kommt. Zwischen Jan und H besteht ein Verwahrungsvertrag. Auch wenn der Mechaniker nur nachts und damit außerhalb seiner Arbeitszeit zum Stehlen auf das Gelände kam, nutzte er doch sein besonderes Wissen um die eingelagerten Gegenstände und den ihm überlassenen Schlüssel zur Begehung der Diebstähle. Er handelte insoweit also immer noch als Erfüllungsgehilfe. H muss daher für die Handlung und das Verschulden seines Mechanikers einstehen.

Im Gegensatz zu den angesprochenen Erleichterungen gibt es im BGB und anderen Gesetzen auch Regeln, nach denen das Haftungsrisiko zulasten des Schädigers verschoben wird. Eine davon ist die **Haftung für vermutetes Verschulden** nach den §§ 280 I S. 2 und 286 IV BGB. Weitere Fälle finden Sie beispielsweise im Besonderen Teil des Schuldrechts in den §§ 834 und 836 I BGB und außerhalb in § 18 I StVG (Claudia als Fahrerin in **Fall 50**). Haftung für vermutetes Verschulden erkennen Sie regelmäßig daran, dass der Gesetzgeber die Norm mit Formulierungen wie „gilt nicht, wenn ... nicht zu vertreten hat" oder „Verantwortlichkeit tritt nicht ein, wenn er ... die im Verkehr erforderliche Sorgfalt beobachtet" beendet.

Zu einer weitaus stärkeren Haftungsverschärfung führt – außerhalb des Leistungsstörungsrechts –die sogenannte **Gefährdungshaftung**. In diesen Fällen trägt der Gesetzgeber dem Umstand Rechnung, dass von bestimmten Sachen und Verhaltensweisen **besondere Risiken für den Rechtsverkehr** ausgehen. Das Paradebeispiel ist hier die **Haftung des Fahrzeughalters** nach § 7 I StVG: Wird bei dem Betrieb eines Kraftfahrzeugs oder eines Anhängers, der dazu bestimmt ist, von einem Kraftfahrzeug mitgeführt zu werden, ein Mensch getötet, der Körper oder die Gesundheit eines Menschen verletzt oder eine Sache beschädigt, so ist der Halter verpflichtet, dem Verletzten den daraus entstehenden Schaden zu ersetzen.

Hiernach kommt es im **Fall 50** allein auf die Kausalität für die Schädigung an. Die Tatsache, dass Jan den Unfall nicht verschuldet hat, ist völlig unerheblich.

Lektion 10: Unmöglichkeit

Unmöglichkeit der Leistung

Die extremste und daher an erster Stelle vertieft zu betrachtende Art der Leistungsstörung ist die Unmöglichkeit. Diese ist im Wesentlichen in den §§ 275 und 311a BGB (lesen!) geregelt. Bleibt die Leistung aus, weil sie für den Schuldner oder für jedermann unmöglich ist, wäre ein weiteres Festhalten an der Leistungspflicht sinnlos. Unmögliches kann man nicht schulden. Aus diesem Grund schließt § 275 I BGB den Leistungsanspruch im Fall unüberwindbarer Leistungshindernisse aus.

Die unüberwindlichen Leistungshindernisse i.S.v. § 275 I BGB können sowohl tatsächlicher als auch rechtlicher Natur sein. Tatsächliche (auch naturgesetzliche oder physische) Unmöglichkeit besteht, wenn die Leistung nach den Naturgesetzen nicht erbracht werden kann, weil der Leistungsgegenstand beispielsweise nie existiert hat oder vollständig untergegangen ist. Daneben kann diese Form der Unmöglichkeit auch auf rechtlichen Gründen beruhen. Das ist etwa dann der Fall, wenn die Leistung auf Herbeiführung eines Rechtszustandes gerichtet ist, der bereits besteht oder der aus rechtlichen Gründen dauerhaft ausgeschlossen ist bzw. von der Rechtsordnung nicht anerkannt wird. Die Leistungspflicht wäre also beispielsweise nach § 275 I BGB ausgeschlossen, wenn die Wirksamkeit eines geschuldeten Erfüllungsvertrags von einer behördlichen Genehmigung abhängig ist, die nicht erteilt werden darf. Gleiches gilt, wenn dem Gläubiger eine Sache verkauft wird, deren Eigentümer er bereits ist. Dem Eigentümer kann Eigentum nicht mehr verschafft werden.

Durch die seit dem 2002 geltende Formulierung von § 275 I BGB, der die Unmöglichkeit für den Schuldner und für jedermann gleichstellt, kommt es auf die bis dahin maßgebliche Unterscheidung zwischen subjektiver und objektiver Unmöglichkeit nicht mehr an!

Fall 51

Jan kauft von der Antiquitätenhändlerin Anita ein Biedermeiersofa zum Preis von 800 €. Kurz nach dem Vertragsschluss wurde das Sofa durch einen Brand vernichtet. Anita verlangt von Jan weiterhin Zahlung. Zu Recht?

Wird der geschuldete Leistungsgegenstand vernichtet, ist die Leistung für den Schuldner und jede andere Person unmöglich. Der auf die Leistung gerichtete Primäranspruch erlischt nach § 275 I BGB. Im Fall 51 kann Jan daher zumindest keine Lieferung mehr verlangen. Da die Ansprüche aus § 433 BGB auf Übergabe und Übereignung bzw. Entrichtung des Kaufpreises in einem Gegenseitigkeitsverhältnis (Synallagma) stehen, wäre es aber unbillig, wenn Anita zwar nach § 275 I BGB von ihrer Leistungspflicht frei würde, ihren Gegenleistungsanspruch jedoch behalten könnte. Diesem Umstand trägt § 326 I BGB Rechnung, der das synallagmatische Verhältnis auch im Rahmen einer Leistungsstörung wahrt. Danach entfällt auch der Anspruch auf die Gegenleistung, wenn der Schuldner nach § 275 I bis III BGB nicht zu leisten braucht.

Fall 52
Jan möchte Claudia zum ersten Hochzeitstag einen „ganz besonderen" Ring schenken. Er will dazu allerdings keinen „überteuerten" Schmuck beim Juwelier kaufen, sondern hat es seit einiger Zeit auf einen Goldring abgesehen, den sein Freund Jens von dessen Oma geerbt hat. Auf einer gemeinsamen Bootstour auf dem Bodensee, dem tiefsten See Deutschlands, sprechen beide über den möglichen Kauf. Da Jens eigentlich kein Interesse an einem Goldring hat und ohnehin gerade Geld benötigt, werden sich beide schnell einig und schließen einen entsprechenden Kaufvertrag. Gerade als Jens den Ring übergeben möchte, trifft eine große Welle das Boot und schleudert den Ring aus seiner Hand ins Wasser. Im daraufhin entbrannten Streit äußert Jan verärgert, Jens möge seinetwegen den See abpumpen, Kauf ist Kauf und der Verkäufer habe sich um die Wiederbeschaffung des Rings zu kümmern. Hat er Recht?

Fall 53
Die Straßenflitzer GmbH und das Radsportgeschäft florieren. Für ein gemeinsames Betriebsfest beider Unternehmen engagiert Jan das bekannte Duo „Mandy und Gerd". Am Abend des Konzerts liegt Gerds Ehefrau nach langer Krankheit im Sterben Er kann zwar seine Verpflichtung, lustige Unterhaltungslieder zu singen, theoretisch noch erfüllen, fragt sich aber, ob er sich nicht aufgrund der besonderen Umstände weigern darf.

Vom gesetzlich angeordneten Ausschluss des Leistungsanspruchs nach § 275 I BGB im Fall eines unüberwindbaren Leistungshindernisses sind die sogenannten starken Leistungserschwerungen zu unterscheiden. Diese führen nicht zu einem Untergang des Primäranspruchs ipso iure, sondern verschaffen dem Schuldner nach § 275 II u. III BGB nur ein Leistungsverweigerungsrecht. Die rechtliche Besonderheit dieser Leistungsverweigerungsrechte ist ihre Rechtsfolge. Im Gegensatz zu einer Vielzahl anderer Leistungsverweigerungsrechte, wie etwa bei der Verjährung nach § 214 I BGB, nimmt die Verweigerung dem Anspruch bei § 275 II u. III BGB nicht nur seine Durchsetzbarkeit, sondern befreit den Schuldner vollständig von seiner Leistungspflicht.

Leitsatz 11

Rechtfolge von § 275 BGB

unüberwindbares Leistungshindernis

➡ § 275 I BGB ➡ Anspruch erlischt

starke Leistungserschwerung

➡ § 275 II u. III BGB ➡ Leistungsverweigerungsrecht
➡ Ausübung erforderlich
➡ Befreiung von der Leistungspflicht

Der § 275 II BGB erfasst Konstellationen, in denen die Leistung einen Aufwand erfordert, der unter Beachtung des Inhalts des Schuldverhältnisses und des Gebots von Treu und Glauben in einem groben Missverhältnis zu dem Leistungsinteresse des Gläubigers steht (faktische Unmöglichkeit). Hier ist die Behebung des Leistungshindernisses zwar theoretisch denkbar, aber kein vernünftiger Mensch kann sie ernsthaft erwarten.

Die von § 275 II BGB vorgegebenen Bezugspunkte der Abwägung sind der Aufwand des Schuldners und das Leistungsinteresse des Gläubigers. Erstgenannter bestimmt sich danach, was zur Leistungserbringung erforderlich ist, wie etwa die Kosten für die Beschaffung des Leistungsgegenstands und persönliche Anstrengungen des Schuldners. Das Gläubigerinteresse folgt aus dem Inhalt des Vertrags selbst. Für die Abwägung vollkommen unbeachtlich bleibt hingegen das Gegenleistungsinteresse des Schuldners. Die Frage, ob dem nach Vertragsschluss erheblich gestiegenen Schuldneraufwand eine angemessene Gegenleistung (z.B. die Höhe des geschuldeten Kaufpreises) entgegensteht ist, ist also zumindest für § 275 II BGB ohne Belang.

Dieser Umstand markiert zugleich die Grenze zu einer anderen, jedoch nicht in § 275 BGB geregelten, Form der Unmöglichkeit. Die sogenannte wirtschaftliche Unmöglichkeit, die durch eine Störung des Äquivalenzinteresses (Gleichwertigkeit von Leistung und Gegenleistung) gekennzeichnet ist, stellt einen Sonderfall der Störung der Geschäftsgrundlage dar. Diese ist in § 313 BGB geregelt und führt unter Umständen zu einer Anpassung oder Aufhebung des Vertrags.

Ebenfalls nicht zu berücksichtigen sind bei der Abwägung nach § 275 II BGB die rechtlichen Folgen, die sich aus der Leistungsbefreiung ergeben können. Das Leistungsinteresse des Gläubigers kann also nicht mit dem Argument geringer gewichtet werden, dieser habe doch zumindest einen Anspruch auf Schadensersatz. Maßgeblich ist insoweit nur das Interesse an der Primärleistung. In Ansatz zu bringen sind dagegen die Risikoverteilung des Vertrags und ein unter Umständen bestehendes Vertretenmüssen des Schuldners. Einem Schuldner der die Leistungserschwerung zu vertreten hat, kann innerhalb der Abwägung ein größerer Aufwand bei der Herbeiführung des Leistungserfolgs zugemutet werden.

Insgesamt handelt es sich bei § 275 II BGB um eine sehr zurückhaltend anzuwendende Sondernorm, die sich überwiegend nur mit aus der Theorie stammenden Schulbeispielen, wie einem Ring im See (Fall 52) oder einer Münze unter einem Hochhaus, verdeutlichen lässt. Praktische Anwendungsfelder sind hier sehr gering. Seien Sie also vorsichtig! Eine Vielzahl der Fälle, die in Klausuren von den Bearbeitern unter § 275 II BGB subsumiert werden, sind in Wirklichkeit § 275 I BGB oder sogar § 313 BGB zuzuordnen.

Auch § 275 III BGB enthält ein Leistungsverweigerungsrecht. Die Vorschrift erfasst die Fälle, bei denen die Leistung in der Person des Schuldners zu erbringen ist und sie ihm unter Abwägung des Leistungsinteresses des Gläubigers und des Leistungshindernisses nicht zugemutet werden kann. Hier werden auch persönliche Umstände des Schuldners berücksichtigt.

Im Fall 53 kann Gerd zwar noch singen, da seine Frau jedoch im Sterben liegt, ist ihm diese Leistung aber nicht zuzumuten. Er kann seine Leistung verweigern und den Anspruch damit zum Erlöschen bringen.

Übersicht 19: Unmöglichkeit (Leistungserschwerungen)

Faktische/praktische Unmöglichkeit § 275 II	Moralische/psychische Unmöglichkeit § 275 III	Wirtschaftliche Unmöglichkeit § 313
Behebung des Leistungshindernisses ist zwar theoretisch denkbar, aber kein vernünftiger Mensch kann die Leistung aufgrund des damit verbundenen Aufwands ernsthaft erwarten.	Leistung ist in der Person des Schuldners zu erbringen und theoretisch möglich. Unter Abwägung des Leistungsinteresses des Gläubigers und des Leistungshindernisses ist sie ihm aber nicht zuzumuten.	Leistung ist theoretisch möglich, aber für den Schuldner mit einem solchen Aufwand verbunden, dass sie für ihn wirtschaftlich nicht zumutbar ist. Das Gegenleistungsinteresse des Schuldners ist zu berücksichtigen.
Nur sehr wenige praktische Anwendungsfälle		Abgrenzung zur faktischen Unmöglichkeit schwierig
Beispiel: Ring im See	Beispiel: Sänger ist durch schwere Erkrankung seiner Frau am Auftritt gehindert.	Beispiel: Öllieferung wird aufgrund eines Krieges so teuer, dass der vereinbarte Preis nicht einmal mehr einen Teil der Beschaffungskosten decken kann.
Leistungsverweigerungsrecht, das bei Ausübung zur Befreiung von der Leistungspflicht führt.		**Anpassung** oder **Aufhebung** des Vertrags

Von den „bloßen" Leistungserschwerungen, die vom Schuldner noch geltend gemacht werden müssen, sind die Leistungshindernisse abzugrenzen. Diese führen nach § 275 I BGB unmittelbar zum Erlöschen der Leistungspflicht.

Übersicht 20: Unmöglichkeit (Leistungshindernisse)

tatsächliche Unmöglichkeit § 275 I BGB	rechtliche Unmöglichkeit § 275 I BGB
Leistung kann nach den Naturgesetzen nicht erbracht werden	Leistung ist auf Herbeiführung eines Rechtszustandes gerichtet, der bereits besteht oder der aus rechtlichen Gründen dauerhaft ausgeschlossen ist bzw. von der Rechtsordnung nicht anerkannt wird
Beispiel: Kaufgegenstand ist nach Abschluss des Kaufvertrags verbrannt	**Beispiel:** Verkauf einer Sache, die dem Käufer bereits gehört

Anspruch erlischt nach § 275 I BGB ipso iure

Fall 54
Wie ist die Rechtslage, wenn das Sofa im Fall 51 aufgrund eines Verschuldens von Anita verbrannt ist und Jan die Chance gehabt hätte, das Möbelstück mit 100 € Gewinn weiter zu verkaufen?

Fall 55
Wie ist die Rechtslage, wenn das Sofa schon vor Vertragsabschluss durch ein Verschulden von Anita vernichtet wurde? Ist es erheblich, ob sie beim Vertragsschluss von dem Brand wusste?

Fall 56
Jan erhält das Angebot zum Kauf des Sofas per Post. Nach dessen Zugang bei ihm, aber noch vor der Annahmeerklärung, fackelt das Sofa aufgrund eines Verschuldens von Anita ab. Wie ist die Rechtslage hier?

Für den Eintritt der tatsächlichen Unmöglichkeit nach § 275 I BGB ist die Frage des Verschuldens unerheblich. Ist der geschuldete Leistungsgegenstand untergegangen, kann die Lieferung denknotwendig auch dann nicht mehr verlangt werden, wenn der Schuldner für diesen Vorfall die Verantwortung trägt. Worauf sollte der Gläubiger klagen und wie sollte der Schuldner dann erfüllen? Der Primäranspruch ist in jedem Fall ausgeschlossen. Unter bestimmten Voraussetzungen steht dem Gläubiger aber nach §§ 280 I u. III i.V.m. 283 S. 1 BGB ein Sekundäranspruch auf Schadensersatz zu.

Der Ausschluss der Leistungspflicht bei tatsächlicher Unmöglichkeit nach § 275 I BGB ist **verschuldensunabhängig**.

Prüfschema 4: Schadensersatz bei nachträglicher Unmöglichkeit

Schadensersatz bei nachträglicher Unmöglichkeit nach §§ 280 I, III i.V.m. 283 S. 1 BGB?

A. Wirksames **Schuldverhältnis**?

Besteht zwischen dem potenziellen Schuldner und dem potenziellen Gläubiger ein Schuldverhältnis, aus dem Leistungsansprüche des Gläubigers folgen (z.B. Kaufvertrag mit Pflichten nach § 433 I, II BGB)?

B. Befreiung des Schuldners von der Leistungspflicht nach § 275 I–III BGB?

Ist nach Vertragsschluss ein Leistungshindernis eingetreten, das entweder die Leistungserbringung i.S.v. § 275 I BGB unmöglich macht oder zu einer Leistungserschwerung i.S.v. § 275 II, III BGB führt? Wurde im Fall von § 275 II, III BGB das Leistungsverweigerungsrecht (Einrede) geltend gemacht?

C. Pflichtverletzung nach § 280 I BGB erforderlich?

Hat der Schuldner eine Pflicht aus dem Schuldverhältnis verletzt? Diese wird teilweise in der Nichtbringung der Leistung gesehen. Das ist allerdings dogmatisch nicht unbedenklich, da § 275 BGB gerade von dieser Pflicht befreit, so dass sie eigentlich auch nicht verletzt werden kann. Besser ist es daher, an dieser Stelle die „Nichterfüllung" zu prüfen.

D. Vertretenmüssen?

Der Schuldner muss die Pflichtverletzung zu vertreten haben. Hier gilt grundsätzlich der Maßstab des § 276 I BGB. Das Vertretenmüssen wird wegen § 280 I S. 2 BGB vermutet.

E. Vorliegen eines ersatzfähigen Schadens (Erfüllungsschaden)?
Ersatzfähig ist nach §§ 280 I, III i.V.m. 283 BGB der Erfüllungsschaden. Bezugspunkt ist dabei das Erfüllungsinteresse (positives Interesse) des Gläubigers. Dieser ist so zu stellen, als wäre die Verpflichtung ordnungsgemäß erfüllt worden (vgl. Lektion 12).

Im Fall 54 ist der Anspruch unabhängig vom Verschulden nach § 275 I BGB erloschen. Jan steht aber ein Schadensersatzanspruch in Höhe des entgangenen Gewinns nach §§ 280 I u. III i.V.m. 283 S. 1 BGB zu. Der Kaufvertrag stellt ein wirksames Schuldverhältnis dar, an dessen Wirksamkeit auch die Unmöglichkeit nichts ändert. Nur der konkrete Primäranspruch erlischt. Anita hatte die Nichtleistung auch zu vertreten und ein ersatzfähiger Schaden lag ebenso vor. Da Jan nach § 326 I BGB aber auch von seiner eigenen Gegenleistungspflicht befreit wurde und daher keinen Kaufpreis zahlen muss, stellt nur der entgangene Gewinn den ersatzfähigen Schaden dar.

Im Fall 55 wurde das Sofa schon vor Vertragsschluss durch ein Verschulden von Anita vernichtet. Es handelt sich also um einen Fall der anfänglichen Unmöglichkeit, da das Leistungshindernis schon bei Vertragsschluss bestand. Die Folge für die Primärpflicht ergibt sich hier ebenfalls aus § 275 BGB. Unterschiede bestehen allein im Hinblick auf die Schadensersatzpflicht, die für die anfängliche Unmöglichkeit in § 311a II BGB geregelt ist. Danach ist die Pflichtwidrigkeit, an die die Sekundärpflicht anknüpft, nicht im verschuldeten Untergang des Leistungsgegenstands, sondern im Versprechen der Leistung in Kenntnis oder zu vertretender Unkenntnis des Leistungshindernisses zu sehen. Mit anderen Worten kommt es also nicht darauf an, ob der Schuldner für den Untergang der Leistung die Verantwortung trägt, sondern allein darauf, ob er bei Vertragsschluss vom Leistungshindernis wusste oder hätte wissen müssen. Im Fall 55 kommt es also grundsätzlich überhaupt nicht darauf an, ob Anita für die Vernichtung des Sofas verantwortlich ist. Maßgeblich ist allein, ob sie bei Vertragsschluss vom Untergang des Sofas Kenntnis hatte oder hätte haben müssen.

Hat der Schuldner jedoch im Fall anfänglicher Unmöglichkeit das Leistungshindernis vorsätzlich oder fahrlässig selbst herbeigeführt – etwa weil Anita das Sofa selbst entzündet hat – so wird er beim späteren

Vertragsschluss regelmäßig auch Kenntnis oder vorwerfbare Unkenntnis von diesem Leistungshindernis haben.

Beide Anknüpfungspunkte für die Schadensersatzpflicht bei Unmöglichkeit lassen sich also nicht immer vollständig voneinander trennen. In der Klausur sollten sie aber immer deutlich hervorheben, ob das Leistungshindernis vor oder nach Vertragsschluss entstanden ist und ob sie dem Schuldner die Herbeiführung des Leistungshindernisses (§ 283 S. 1 BGB, nachträgliche Unmöglichkeit) oder nur die Kenntnis oder vorwerfbare Unkenntnis bei Vertragsschluss (§ 311a II BGB, anfängliche Unmöglichkeit) vorwerfen.

Die Prüfung des Schadensersatzanspruchs bei anfänglichem Leistungshindernis verläuft ähnlich wie bei der nachträglichen Unmöglichkeit:

Prüfschema 5: Schadensersatz bei anfänglichem Leistungshindernis

Schadensersatz bei anfänglichem Leistungshindernis nach § 311a II BGB?

A. Wirksamer Vertrag (Schuldverhältnis)?
Besteht zwischen dem potenziellen Schuldner und dem potenziellen Gläubiger ein Schuldverhältnis, aus dem Leistungsansprüche des Gläubigers folgen (z.B. Kaufvertrag mit Pflichten nach § 433 I, II BGB)?

B. Befreiung des Schuldners von der Leistungspflicht nach § 275 I–III BGB?
Ist ein Leistungshindernis eingetreten, das entweder die Leistungserbringung i.S.v. § 275 I BGB unmöglich macht oder zu einer Leistungserschwerung i.S.v. § 275 II, III BGB führt? Wurde im Fall von § 275 II, III BGB das Leistungsverweigerungsrecht (Einrede) geltend gemacht?

C. Vorliegen des **Leistungshindernisses** bei Vertragsschluss?
Ist das Leistungshindernis vor Vertragsschluss eingetreten?

D. Pflichtverletzung?
Die Pflichtverletzung besteht im Fall des § 311a II BGB im Versprechen der anfänglich unmöglichen Leistung durch den Gläubiger.

E. Vertretenmüssen?

Der Schuldner muss die Nichtleistung zu vertreten haben. Das Vertretenmüssen ist zwar anders zu prüfen als bei §§ 280 I u. III i.V.m. 283 S. 1 BGB, wird aber wegen § 311a II S. 2 BGB auch hier vermutet. Es kommt darauf an, dass der Schuldner das Leistungshindernis bei Vertragsschluss nicht kannte und seine Unkenntnis nicht zu vertreten hat.

F. Vorliegen eines ersatzfähigen Schadens (Erfüllungsschaden)?

Ersatzfähig ist nach § 311a II BGB der Erfüllungsschaden. Bezugspunkt ist dabei das Erfüllungsinteresse (positives Interesse) des Gläubigers. Dieser ist so zu stellen, als wäre die Verpflichtung ordnungsgemäß erfüllt worden (vgl. Lektion 12).

In diesem Buch bisher noch unerwähnt ist der § 311a I BGB, dessen Bedeutung Sie nur mit ein paar rechtshistorischen Vorkenntnissen verstehen können. Sein Wortlaut erhält nämlich erst durch die alte Regelung einen nachvollziehbaren Sinn: Der Wirksamkeit eines Vertrags steht es nicht entgegen, dass der Schuldner nach § 275 I bis III BGB nicht zu leisten braucht und das Leistungshindernis schon bei Vertragsschluss vorliegt. Danach führt also auch ein anfängliches Leistungshindernis allenfalls zum Erlöschen der Leistungspflicht. Die Wirksamkeit des Vertrags und damit die Möglichkeit eines vertraglichen Schadensersatzanspruchs werden dadurch jedoch nicht gehindert.

Diese Regelung erscheint dem unbefangenen Leser auf den ersten Blick logisch und dieser Eindruck ist im Grunde auch richtig. Bereits der pacta-sunt-servanda-Grundsatz, den Sie an anderer Stelle schon kennengelernt haben, lehrt, dass der Versprechende an sein Versprechen gebunden ist. Daher müssen auch Verträge bindend sein, die auf anfänglich unmögliche Leistungen gerichtet sind. Nach der bis 2002 geltenden Rechtslage waren aber Verträge, die auf eine (anfänglich) unmögliche Leistung gerichtet waren, nach § 306 BGB a.F. nichtig. Bereits durch die Streichung dieser Norm galt also eigentlich wieder das allgemeine Prinzip der Verbindlichkeit von Verträgen. Um allerdings die Abkehr von der Nichtigkeit besonders deutlich zu machen, normierte der Gesetzgeber das nochmals ausdrücklich in § 311a I BGB. Die Regelung hat also eine ausschließlich deklaratorische Funktion.

 **Deklaratorische Normen** stellen einen bereits bestehenden oder ohnehin eintretenden Rechtszustand klar. Sie sind also nur erklärend. Im Gegensatz dazu führen **konstitutive Normen** die Rechtsfolge selbst herbei.

Einen besonderen Fall der anfänglichen Unmöglichkeit finden Sie im Fall 56. Diese Konstellation, deren praktische Bedeutung insbesondere im Bereich der Fernabsatzgeschäfte liegt, wurde vom Gesetzgeber bei der Neuordnung des Unmöglichkeitsrechts 2002 übersehen. Es liegt ein Fall des § 311 I BGB vor, denn bereits vor der Annahmeerklärung, als zweite Voraussetzung des Vertrags, war das Sofa abgebrannt und die Leistung damit unmöglich geworden. Der Vorwurf des § 311a II BGB, der Versprechende – vorliegend Anita – habe in Kenntnis des Hindernisses die Leistung versprochen, passt hier aber nicht. Nachdem ihr Angebot nämlich bei Jan zugegangen war, konnte sie es nach § 130 I S. 2 BGB nicht einmal mehr widerrufen. Sie hatte also ihr Entscheidungsrecht bereits vollständig aus der Hand gegeben und daher überhaupt gar keinen Einfluss mehr auf das Zustandekommen des Vertrags.

Vorwerfbar würde das Verhalten von Anita im Fall 56 nur dann erscheinen, wenn sie das Sofa nach Zugang ihres Angebots selbst abgebrannt hätte. Das ist allerdings eine Frage, die sich eigentlich nur bei der nachträglichen Unmöglichkeit stellt. Sie werden diese verzwickte Situation also nur lösen können, indem sie entweder Anita ein über § 130 I S. 2 BGB hinausgehendes Widerrufsrecht zugestehen, oder beide Regelungen, die der anfänglichen (§ 311a I BGB) und die der nachträglichen (§ 283 S. 1 BGB) Unmöglichkeit, miteinander kombinieren.

Neben dem verschuldensabhängigen Schadensersatzanspruch steht dem Gläubiger nach § 285 I BGB ein verschuldensunabhängiger Anspruch auf das sogenannte stellvertretende commodum zu. Erlangt der Schuldner infolge eines Umstands, aufgrund dessen er die Leistung nach § 275 I bis III BGB nicht zu erbringen braucht, einen Ersatz (beispielsweise eine Versicherungsleistung), muss er dem Gläubiger diesen nach § 285 I BGB herausgeben bzw. abtreten. Für den gegenseitigen Vertrag ist in diesem Zusammenhang § 326 III BGB zu beachten. Darin wird dem Gläubiger ein Wahlrecht eingeräumt: Er kann sich entweder auf den Untergang seiner Gegenleistungspflicht nach § 326 I BGB berufen oder das stellvertretende commodum verlangen. Wenn er sich für die zweite

Alternative entscheidet, muss er allerdings seine Gegenleistung ganz oder teilweise erbringen. In Analogie zu § 350 BGB kann der Schuldner dem Gläubiger eine angemessene Frist zur Erklärung darüber setzen, ob er das Surrogat verlangt oder nicht.

Anhand des folgenden Prüfschemas können Sie feststellen, ob dem Gläubiger ein Anspruch aus § 285 BGB zusteht:

Prüfschema 6: Herausgabe des stellvertretenden commodums

Anspruch auf Herausgabe des stellvertretenden commodums nach § 285 BGB?

A. Wirksames Schuldverhältnis?

Besteht zwischen dem potenziellen Schuldner und dem potenziellen Gläubiger ein Schuldverhältnis, aus dem Leistungsansprüche des Gläubigers folgen (z.B. Kaufvertrag mit Pflichten nach § 433 I, II BGB)?

B. Befreiung des Schuldners von der Leistungspflicht nach § 275 I–III BGB?

Ist ein Leistungshindernis eingetreten, das entweder die Leistungserbringung i.S.v. § 275 I BGB unmöglich macht oder zu einer Leistungserschwerung i.S.v. § 275 II, III BGB führt? Wurde im Fall von § 275 II, III BGB das Leistungsverweigerungsrecht (Einrede) geltend gemacht?

C. Erlangung eines Ersatzes (stellvertretendes commodum) durch den Schuldner?

Hat der Schuldner einen Ersatz (beispielsweise eine Versicherungsleistung) erhalten?

D. Kausalzusammenhang zwischen dem Grund für das Entfallen der Leistungspflicht und der Erlangung des Ersatzes?

Hat der Schuldner den Ersatz aufgrund desselben Umstands erlangt, auf den auch das Leistungshindernis zurückzuführen war? Exemplarisch zu nennen ist hier der Brand, der einerseits den Leistungsgegenstand zerstört hat und andererseits die Leistungspflicht der Brandschutzversicherung auslöste.

E. Wirtschaftliche Identität zwischen ursprünglich geschuldeter Leistung und erlangtem Ersatz?

Der erlangte Gegenstand muss mit der versprochenen Leistung wirtschaftlich identisch sein. Das ist etwa dann nicht der Fall, wenn eine Versicherungsleistung wegen Untergangs der Sache (Versicherungszahlung an den Eigentümer eines abgebrannten Hauses) erbracht wurde, der Schuldner aber nur zur Besitzverschaffung (etwa aufgrund eines Mietvertrags) verpflichtet war.

Die Folgen von anfänglicher und nachträglicher Unmöglichkeit können Sie anhand der folgenden Übersicht wiederholen:

Übersicht 21: Folgen der Unmöglichkeit

	anfängliche Unmöglichkeit	nachträgliche Unmöglichkeit
Vertrag ...	... ist wirksam.	
Die vom Leistungshindernis betroffene Leistungspflicht erlischt ...	§ 275 BGB ... ipso iure im Fall des § 275 I BGB. ... nach Erhebung der Einrede in den Fällen des § 275 II u. III BGB	
Gegenleistungspflicht ...	§ 326 BGB ... erlischt ipso iure nach § 326 I S. 1 HS. 1 BGB Bereits erbrachte Leistungen sind nach § 326 IV zurückzuerstatten.	
Sekundäransprüche	§ 311a II BGB Schadensersatz statt der Leistung nach § 311a II Alt. 1 BGB	§§ 280 ff. BGB Schadensersatz statt der Leistung nach §§ 280 I u. III i.V.m. § 283 S. 1 BGB
	Aufwendungsersatz nach § 284 **§ 285 BGB** Herausgabe des Surrogats (Ersatzes) **§ 326 V BGB** Rücktrittsrecht des Gläubigers	

Zum Ende dieses Abschnitts zum Unmöglichkeitsrecht sollten Sie sich noch drei Besonderheiten merken:

▶ Regelmäßig führt die verspätete Erfüllung nicht zur Unmöglichkeit, sondern löst die Folgen des Schuldnerverzugs (vgl. § 286 BGB) aus. Das ist der Fall, wenn ein Leistungszeitpunkt zwar festgelegt war, die Leistung aber nachgeholt werden kann (relatives Fixgeschäft). Nach Art der vereinbarten Leistung kann aber eine bestimmte Leistungszeit so wesentlich sein, dass der Gläubiger bei Nichteinhaltung der Zeit das Interesse an der Leistung vollständig verliert oder eine Nachholung aus anderen Gründen ausgeschlossen ist. In diesen Konstellationen liegt ein sogenanntes absolutes Fixgeschäft vor, bei dem das Verstreichen der Leistungszeit zur Unmöglichkeit führt. Das ist beispielsweise bei zeitgebundenen Dauerschuldverhältnissen wie dem Arbeitsvertrag der Fall. Die Arbeitsleistung eines Tages kann hier nicht einfach an einem beliebigen anderen Tag nachgeholt werden.

▶ An einigen Stellen enthält das BGB für Leistungshindernisse und Leistungserschwerungen Sonderregelungen. Diese stellen gegenüber dem hier erläuterten allgemeinen Unmöglichkeitsrecht wiederum eine Art besonderer Teil dar. Sie finden diese etwa in § 265 BGB für die Wahlschuld und in § 251 II BGB für Leistungserschwerungen beim Schadensersatz.

▶ Geldmangel darf und kann den Schuldner nicht entlasten. Es gilt der Grundsatz: Geld hat man zu haben! Die Erbringung einer Geldleistung wird daher nicht unmöglich.

Lektion 11: Verzug und Störung der Geschäftsgrundlage

Verzug des Schuldners

Fall 57
Thomas hat sich bei Jan am 01.04. ein neues Rennrad gekauft. Da er gerade wieder einmal nicht „flüssig" war, versprach er, das Geld spätestens bis zum 10.04. zu überweisen. Als am 12.04. jedoch noch immer keine Zahlung bei Jan eingegangen ist, schickt dieser einen Brief an Thomas, in dem er nachdrücklich zur Zahlung auffordert. Außerdem verlangt er darin, dass Thomas die durch das Schreiben angefallenen Portokosten in Höhe von 1,50 € ersetzt. Zu Recht?

Fall 58
Da Jan seit einiger Zeit nun auch noch einen Heimreparaturservice anbietet, hat er sich beim Autohändler seines Vertrauens einen Kleinbus für 20.000 € bestellt (gekauft). Da der Bus nach Wochen noch nicht geliefert wurde, lies Jan den Händler durch eine Anwältin an seine Pflicht erinnern und verlangte zugleich Ersatz der ihm dadurch entstandenen Anwaltskosten. Wie ist die Rechtslage?

Fall 59
Wie oben, aber nach Eingang des Schreibens der Anwältin wird der Bus, der am nächsten Tag ausgeliefert werden sollte, aus der ordnungsgemäß verschlossenen Garage des Händlers gestohlen. Erst zwei Wochen später kann ein Ersatzfahrzeug beschafft werden. Jan gehen durch die verspätete Lieferung Reparaturaufträge von nachweislich 500 € verloren. Muss der Händler ihm diesen entgangenen Gewinn erstatten?

Fall 60
Wie oben, aber Jan möchte mit seinem Geld nun lieber bei einer zuverlässigeren Person ein Auto kaufen. Was kann er tun, damit er im Ergebnis nicht zwei Autos abnehmen und bezahlen muss?

Erbringt der Schuldner seine ihm mögliche Leistung nicht rechtzeitig, begeht er eine Pflichtverletzung. Wenn dem Gläubiger dadurch ein Verzögerungsschaden entsteht, kann er diesen unter den Voraussetzungen der §§ 280 I u. II, 286 BGB ersetzt verlangen. Dazu muss sich der Schuldner im Verzug befindet und die Verzögerung zu vertreten haben.

Auch der Verzugsschadensersatzanspruch setzt ein **wirksames Schuldverhältnis mit Primärpflichten** des Schuldners voraus. Der Anspruch muss entstanden und darf nicht aufgrund von § 275 BGB wieder untergegangen sein. Ist der Verzug bereits eingetreten und wird die Leistung später unmöglich, so endet der Verzug durch Wegfall des Anspruchs in diesem Moment.

Die Leistungsansprüche des Gläubigers müssen darüber hinaus **fällig** und **durchsetzbar** sein. Die Fälligkeit haben Sie schon in Lektion 4 bei der Leistungszeit kennengelernt. Sie markiert den Zeitpunkt, ab dem der Gläubiger die Leistung verlangen kann. Durchsetzbar ist der Anspruch, wenn ihm keine Einreden entgegenstehen, die ein **Leistungsverweigerungsrecht** begründen. Die häufigsten Fälle mit fehlender Durchsetzbarkeit sind die **Verjährung** (§ 214 I BGB) und die **Zurückbehaltungsrechte**.

Weiterhin setzt der Verzugsschadensersatzanspruch nach § 286 I S. 1 BGB regelmäßig eine **Mahnung** durch den Gläubiger voraus. Unter einer Mahnung wird eine **bestimmte und dringende Leistungsaufforderung** verstanden, aus der sich für den Schuldner eindeutig ergibt, dass der Gläubiger die Leistung des Schuldners jetzt ernsthaft fordert. Sie ist **keine Willenserklärung** sondern eine **einseitige empfangsbedürftige rechtsgeschäftsähnliche Handlung,** auf die die Vorschriften über Willenserklärungen aber entsprechend anzuwenden sind (etwa §§ 133, 157 BGB). Sie kann **formlos** erfolgen. In diesem Zusammenhang hat insbesondere die Mahnung in Reimform erhebliche Bekanntheit erlangt, die von der Rechtsprechung als zulässig anerkannt wurde.

Mahnung in Reimform

Das Mahnen, Herr ist eine schwere Kunst!
Sie werdens oft am eigenen Leib verspüren.
Man will das Geld, doch will man auch die Gunst
des werten Kunden nicht verlieren.
Allein der Stand der Kasse zwingt uns doch,
ein Kurzgesuch bei Ihnen einzureichen:
Sie möchten uns, wenn möglich heute noch,
die unten aufgeführte Schuld begleichen.

(LG Frankfurt, NJW 1982, 650)

In der Regel wird die Mahnung erst nach Fälligkeit erfolgen. Sie kann aber bereits mit der die Fälligkeit begründenden Handlung des Gläubigers verbunden werden. Eine Mahnung vor Fälligkeit der Forderung ist wirkungslos.

> ## Leitsatz 12
>
> ### Mahnung
>
> Eine Mahnung ist die bestimmte und dringende **Leistungsaufforderung**, aus der sich für den Schuldner eindeutig ergibt, dass der Gläubiger die Leistung des Schuldners, wegen dessen Leistungspflicht, jetzt ernsthaft fordert.

In bestimmten Fällen, die in § 286 II BGB aufgeführt sind, ist die Mahnung für den Eintritt des Schuldnerverzugs entbehrlich. Von den dort genannten ist insbesondere der Fall von Bedeutung, bei dem die Leistungszeit bereits nach dem Kalender bestimmt oder bestimmbar ist. Hier wäre eine Mahnung überflüssig, da dem Schuldner der Tag ohnehin bekannt ist, ab dem der Gläubiger ein besonders gesteigertes Leistungsinteresse besitzt.

Die weiteren an dieser Stelle geregelten Ausnahmefälle sollten Sie sich jetzt zumindest einmal kurz durchlesen, um sie in der Klausur gegebenenfalls schneller wiederzufinden. Achten Sie darauf, ob die Bestimmung der Leistungszeit tatsächlich im Vertrag erfolgte oder der einseitig Bestimmende zu dieser Entscheidung auch berechtigt war (etwa §§ 315 ff. BGB)! Anderenfalls ist die einseitige Bestimmung keine Bestimmung i.S.v. § 286 II BGB, da ihr die Akzeptanz durch beide Parteien fehlt.

Bei Entgeltforderungen tritt der Verzug nach § 286 III BGB unabhängig von der Mahnung spätestens 30 Tage nach Fälligkeit und Zugang einer Rechnung ein. Das gilt gegenüber einem Schuldner, der Verbraucher (§ 13 BGB) ist, allerdings nur, wenn er auf diese Folge in der Rechnung oder Zahlungsaufstellung besonders hingewiesen wurde. Für die Rechtzeitigkeit der Leistung ist die Vornahme der Leistungshandlung maßgebend, nicht der Eintritt des Leistungserfolgs. Bei der Schickschuld kommt es daher beispielsweise allein auf die Absendung der Ware und nicht auf deren Zugang an.

Auch der Verzugsschadensersatzanspruch ist ein verschuldensabhängiger Anspruch, da der Verzug selbst das Vertretenmüssen des Schuldners voraussetzt. Dieses wird aber wegen § 286 IV BGB ebenfalls vermutet. Hier gilt der allgemeine Maßstab des § 276 BGB. Die verschärfte Haftung nach § 287 BGB kommt dagegen nur für weitere Leistungsstörungen zur Anwendung, die während des Verzugs eintreten (etwa das Unmöglichwerden der Leistung) und nicht für den Verzugseintritt selbst.

Der Verzögerungsschaden umfasst alle Vermögensnachteile, die dadurch entstehen, dass der Schuldner nicht rechtzeitig erfüllt. Der Verzug endet, sobald eine seiner Voraussetzungen entfällt. Alle bis dahin entstanden Verzugsschadensersatzansprüche des Gläubigers bleiben aber erhalten.

Prüfschema 7: Schadensersatz bei Schuldnerverzug

Schadensersatz bei Schuldnerverzug nach §§ 280 I u. II i.V.m. 286 BGB?

A. Wirksames Schuldverhältnis?
Besteht zwischen dem Schuldner und dem Gläubiger ein Schuldverhältnis, aus dem Leistungsansprüche des Gläubigers folgen (z.B. Kaufvertrag mit Pflichten nach § 433 I, II BGB)? Das Schuldverhältnis kann vertraglich oder gesetzlich begründet sein.

B. Fälliger und durchsetzbarer Anspruch des Gläubigers?
Ist der aus dem Schuldverhältnis stammende Anspruch fällig und einredefrei?

C. Mahnung nach § 286 I S. 1 BGB?
Liegt eine wirksame Mahnung vor bzw. ist diese nach § 286 II, III BGB entbehrlich?

D. Unterbleiben einer rechtzeitigen Leistung?

E. Vertretenmüssen des Schuldners nach § 286 IV BGB?
Der Schuldner muss die Spätleistung zu vertreten haben. Das Vertretenmüssen richtet sich grundsätzlich nach § 276 I BGB, wird aber wegen § 286 IV BGB auch hier vermutet. Leistet der Schuldner einer Zahlungspflicht das Geld zu spät, weil er nicht solvent ist, so hat er das immer zu vertreten. Geld hat man zu haben!

> **F. Vorliegen eines ersatzfähigen Schadens?**
> Der Schuldner hat einen Anspruch auf Ersatz des Verzögerungsschadens. Dieser umfasst alle Vermögensnachteile, die dadurch entstanden sind, dass der Schuldner nicht rechtzeitig erfüllt hat.

Im Fall 57 war der sonst nach § 271 I BGB sofort fällige Zahlungsanspruch bis zum 10.04. gestundet. In dieser vertraglichen Abrede lag zugleich eine kalendermäßige Bestimmung der Leistungszeit, die den Verzug des Schuldners nach § 286 II Nr. 1 BGB unabhängig von einer Mahnung mit dem Verstreichen des Termins eintreten lässt. Da Thomas bis zum 10.04. noch nicht bezahlt hatte, befand er sich in Verzug und ist daher im Fall des Vertretenmüssens zum Ersatz des Verzugsschadens verpflichtet. Zu diesem Schaden zählen auch die Kosten, die Jan als Gläubiger nach Verzugseintritt durch die Beitreibung der Forderung entstanden sind (Portokosten in Höhe von 1,50 €).

In dieser zeitlichen Abfolge liegt zugleich der wesentliche Unterschied zu Fall 58. Mangels vereinbarter Lieferungszeit geriet der Autohändler nicht automatisch in Verzug; vielmehr musste Jan ihn zuvor mahnen. Erst das Schreiben der Anwältin war demnach verzugsauslösend. Die Anwaltskosten können somit in dieser Konstellation keine Kosten sein, die während des Verzugs eingetreten sind. Nur diese wären aber nach §§ 280 I u. II i.V.m. 286 BGB ersatzfähig. Aus Sicht von Jan wäre es also vorteilhafter gewesen, für das erste Mahnschreiben einen kostengünstigeren Weg zu wählen und beispielsweise zunächst persönlich zu mahnen. Hätte der Händler dann immer noch nicht geliefert, hätte Jan einen Rechtsanwalt einschalten können. Die dabei entstehenden Kosten wären dann ersatzfähig gewesen. Wenn ihm dieses Vorgehen zu lange dauert, hätte er einen verbindlichen Liefertermin vereinbaren müssen (§ 286 II Nr. 1 BGB).

Eine Mahnung durch den Gläubiger ist ebenfalls entbehrlich, wenn der Schuldner sich selbst mahnt. Das kann etwa der Fall sein, wenn er nach Fälligkeitseintritt ankündigt, zeitnah erfüllen zu wollen. In der Vergangenheit wurde in Teilen der Rechtsprechung vertreten, dass auch bei einem fehlgeschlagenen Lastschrifteinzug immer von einer Selbstmahnung des Schuldners auszugehen sei. Das kann in der heutigen Zeit, in der Lastschriftzahlungen (insbesondere online) zum Massengeschäft geworden sind, nur noch sehr eingeschränkt gelten. Zumindest muss der Gläubiger den Schuldner auf den Fehlschlag der Lastschrift hinweisen.

Neben der Schadensersatzpflicht löst der Verzug des Schuldners auch eine verschärfte Haftung aus, schließlich trägt dieser die Verantwortung dafür, dass der Vertrag noch nicht vollzogen wurde. Im Fall 59 wurde der geschuldete Kleinbus während des Verzugs ohne ein Verschulden des Händlers aus der ordnungsgemäß verschlossenen Garage gestohlen. Da er sich aufgrund der Mahnung jedoch bereits im Verzug befand, haftet er gemäß § 287 BGB für jede Form von Fahrlässigkeit und sogar für Zufall. Jan kann also den ihm entgangenen 500 € (Gewinn) ersetzt verlangen. Nach § 287 S. 2 BGB tritt die Haftung für Zufall ausnahmsweise dann nicht ein, wenn der Schuldner beweist, dass der Schaden auch bei rechtzeitiger Leistung eingetreten wäre. Hier berücksichtigt das Gesetz einen hypothetischen Kausalverlauf.

Im Fall 60 kann Jan dem Händler, der durch das Mahnschreiben der Anwältin in Verzug geraten ist, eine Nachfrist setzen. Das hätte auch schon im Mahnschreiben erfolgen können. Nach Ablauf dieser Frist kann Jan gegenüber dem Händler den Rücktritt vom Vertrag erklären. Er braucht dann den Kaufpreis nicht zu zahlen, bzw. kann den bereits entrichteten Preis zurückfordern.

Geldschulden sind nach §§ 288, 290 i.V.m. 247 BGB während des Verzugs zu verzinsen. Der Verzugszinssatz beträgt nach § 288 I BGB jährlich fünf Prozentpunkte über dem Basiszinssatz. Sind nur Unternehmer bei dem Rechtsgeschäft beteiligt, beträgt er nach § 288 II BGB sogar acht Prozentpunkte über dem Basiszinssatz. Darüber hinaus kann der Gläubiger aus einem anderen Rechtsgrund auch noch höhere Zinsen verlangen. Das kann der Fall sein, wenn er bei einer, durch den Zahlungsverzug erforderlich gewordenen, Kreditaufnahme selbst eine höhere Zinsschuld eingehen muss. Beträgt der Basiszins z.B. 0,12%, errechnet sich ein Verzugszins nach § 288 I BGB von 5,12%. Ein Basiszinssatz von 3,18% würde daher zu 8,18% Verzugszinsen führen. Er wird jeweils zum 01.01. und zum 01.07. den Änderungen des Hauptrefinanzierungssatzes der Europäischen Zentralbank (EZB) angepasst. Der früher viel zu niedrige Verzugszins von 4% hatte dazu geführt, dass Schuldner häufig statt des teuren Bankkredits lieber den billigeren „Gläubigerkredit" in Anspruch genommen haben. Dieser missbräuchlichen Praxis will die Vorschrift des § 288 BGB ein Ende setzen und zugleich die Zinsermittlung vereinfachen. Die Vorschrift stellt über den Basiszins (§ 247 BGB) eine Verbindung zum Marktzins her und macht die Zinshöhe variabel.

Zinseszins ist nach § 289 BGB verboten. Von Zinsen, die im Zweifel nach § 271 I BGB ebenfalls sofort mit Entstehung des Zinsanspruchs fällig werden, sind also keine Verzugszinsen zu entrichten.

Prüfschema 8: Möglichkeiten des Gläubigers bei Schuldnerverzug

	Ersatz des Verzögerungsschadens	Schadensersatz statt der Leistung	Rücktritt vom Vertrag
Grundlage	§§ 280 I u. II i.V.m. 286	§§ 280 I u. III i.V.m. 281 I S. 1	§§ 323, 346
Prüfung: Voraussetzungen	1. Schuldverhältnis 2. Schuldnerverzug (§§ 280 I u. II i.V.m. 286) 3. Ersatzfähiger Verzögerungsschaden	1. Schuldverhältnis 2. fälliger und durchsetzbarer Leistungsanspruch 3. Pflichtverletzung = Nichtleistung trotz Möglichkeit der Leistung 4. Fristsetzung bzw. Entbehrlichkeit der Fristsetzung 5. erfolgloser Fristablauf 6. Vertretenmüssen 7. Schaden	1. gegenseitiger Vertrag 2. fälliger und durchsetzbarer Leistungsanspruch 3. Pflichtverletzung = Nichtleistung trotz Möglichkeit der Leistung 4. Fristsetzung bzw. Entbehrlichkeit der Fristsetzung (§ 323 II) 5. erfolgloser Fristablauf 6. eigene Vertragstreue des Gläubigers 7. kein Ausschluss des Rücktrittsrechts (§ 323 V S. 2, VI)
Rechtsfolge	Erfüllungsanspruch bleibt bestehen	– mit Verlangen des Schadensersatzes Erlöschen des Erfüllungsanspruchs (§ 281 VI) – zugleich erlischt aufgrund des Synallagmas der Gegenleistungsanspruch entsprechend § 281 VI – Rückabwicklung der vom Schuldner erbrachten Leistungen, §§ 281 V, 346 ff.	– Erlöschen des Erfüllungsanspruchs und des Gegenleistungsanspruchs – Rückabwicklung der erbrachten Leistungen, §§ 346 ff.
weitere Rechte	und/oder: Ersatz der Verzugszinsen, §§ 280 I u. II, 286, 288, 247	– oder: Aufwendungsersatz, § 284 – und (§ 325)/oder: Rücktritt nach § 323	– und (§ 325)/oder: Schadensersatz statt der Leistung nach §§ 280 I u. III i.V.m. 281 I S. 1

Verzug des Gläubigers

Vom Schuldnerverzug ist der Annahmeverzug des Gläubigers zu unterscheiden. Wenn der Schuldner seine Leistung nicht erbringt, verletzt er damit seine Hauptpflicht aus dem Schuldverhältnis. Erfolgt dagegen keine Annahme durch den Gläubiger, liegt darin grundsätzlich nur die Verletzung einer ihm auferlegten Obliegenheit. Diese beeinträchtigt die Abwicklung des Schuldverhältnisses deutlich weniger und ist deshalb regelmäßig auch nicht mit Schadensersatzansprüchen zu sanktionieren. Der einzige, dem der Gläubiger durch die unterbliebene Annahme schadet, ist er nämlich im Zweifel selbst.

Fall 61
„Multijobber" Jan gibt seit einiger Zeit am Wochenende Unterricht in der neuen Trendsportart „Downhill-Fahren". Als Jan wieder einmal am vereinbarten Treffpunkt auf seine „Schüler" wartet, sagen diese kurzfristig telefonisch ab.

Fall 62
Jan bestellt für sein Geschäft am 01.02. bei einem Großhändler 30 neue Mountainbikes für die neue Saison. Da er vor der Lieferung noch Platz in seinen Verkaufsräumen schaffen und sich dazu von einigen Vorjahresmodellen durch „Abverkauf" trennen muss, wird der 01.03. als Übergabetermin verabredet. Der Händler liefert jedoch bereits am 15.02. Kommt Jan in Annahmeverzug, wenn er die Räder an diesem Tag noch nicht annimmt?

Fall 63
Wie in Fall 62, nur soll der Händler jetzt bis spätestens zum 01.03. liefern. Als er überraschend bereits am 15.02. liefern will, ist Jan nicht zu erreichen.

Fall 64
Die Räder werden ordnungsgemäß am 01.03. geliefert. Da die Geschäfte schlecht laufen, nimmt er die Räder nicht an. Dem Händler entstehen hierdurch zusätzliche Lagerkosen in Höhe von 500 €. Muss Jan diese bezahlen?

Der Gläubiger gerät in Annahmeverzug (auch Gläubigerverzug), wenn er die ihm angebotene Leistung nicht annimmt oder eine sonstige zur

Erfüllung erforderliche Mitwirkungshandlung unterlässt. Das bedeutet für Fall 61, dass derjenige, der einen Wochenendkurs bucht, auch am vereinbarten Unterrichtsort erscheinen muss. Anderenfalls gerät er in Annahmeverzug. Gleiches gilt, wenn er zwar anwesend und zur Annahme der ihm nach §§ 294 ff. BGB angebotenen Leistung bereit ist, dafür aber die erforderliche Mitwirkungshandlung (z.B. das verabredete Mitbringen des eigenen Mountainbikes) unterlassen hat.

Der Annahmeverzug setzt zunächst voraus, dass die Leistung möglich (§ 275 BGB) und erfüllbar (§ 271 BGB) ist. Erfüllbarkeit, also der Zeitpunkt, ab dem der Schuldner leisten darf, tritt zwar nach § 271 I BGB im Zweifel sofort ein und eine Abrede über die Leistungszeit ist nach § 271 II BGB regelmäßig nur als Regelung der Fälligkeit anzusehen. Im Fall 62 greift diese Zweifelsregel aber nicht, da die Vereinbarung nach §§ 133, 157 BGB nur so verstanden werden kann, dass vor dem 01.03. keine Lieferung erfolgen darf. Damit war die Leistung am 15.02. noch nicht erfüllbar und Jan konnte nicht in Annahmeverzug geraten.

Darüber hinaus muss der Schuldner gemäß § 297 BGB im Zeitpunkt seines Angebots oder der vom Gläubiger vorzunehmenden Mitwirkungshandlung auch tatsächlich im Stande sein, die Leistung zu bewirken. Solange das nicht der Fall ist, kann der Gläubiger nicht in Annahmeverzug geraten, da eine Leistungsannahme durch den Gläubiger ohne Leistungsbereitschaft des Schuldners ohnehin ausgeschlossen ist. Wenn also der „Downhill-Kurs" aufgrund eines starken Unwetters sowieso verschoben werden muss, ist ein Annahmeverzug zu diesem Zeitpunkt ausgeschlossen. Jan wäre in diesem Fall überhaupt nicht leistungsbereit gewesen.

Ist die Leistung möglich und erfüllbar und der Schuldner zudem leistungsbereit, setzt der Annahmeverzug nach § 293 BGB regelmäßig noch ein Angebot des Schuldners an den Gläubiger voraus. Er muss die Leistung gemäß § 294 BGB so anbieten, wie sie zu bewirken ist. Das führt etwa bei der Bringschuld dazu, dass die Leistung auch am Ort des Gläubigers anzubieten ist. Ein „nur" wörtliches Angebot genügt nach § 295 BGB dann, wenn der Gläubiger ihm erklärt hat, dass er die Leistung ablehnen werde, oder wenn zur Bewirkung der Leistung eine Handlung des Gläubigers erforderlich ist. Dem Angebot der Leistung steht dabei die Aufforderung an den Gläubiger gleich, die erforderliche Handlung vorzunehmen. Ein Beispiel für diese Konstellation ist die nach § 269 I

BGB im Zweifel anzunehmende Holschuld. Hier genügt die Aufforderung an den Gläubiger, die Leistung abzuholen.

Wie das § 286 II BGB bereits für die Mahnung als Voraussetzung des Schuldnerverzugs anordnet, existieren auch bei einer unterlassenen Annahme der Leistung durch den Gläubiger Konstellationen, in denen eine Aufforderung der Gegenseite überflüssig erscheint. So bedarf es nach § 296 BGB kein Angebot, wenn der Gläubiger seine Mitwirkungshandlung zu einem nach dem Kalender bestimmten Zeitpunkt vorzunehmen hat und dieser nicht pünktlich nachgekommen ist. Hier tritt automatisch Annahmeverzug ein.

Letzte Voraussetzung des Annahmeverzugs ist die unterbliebene Leistungsannahme durch den Gläubiger. Hiervon macht § 299 BGB eine Ausnahme für den Fall, dass die Leistungszeit nicht bestimmt ist oder der Schuldner berechtigt ist, schon vor der bestimmten Zeit zu leisten. In diesem Fall kommt der Gläubiger nicht dadurch in Verzug, dass er vorübergehend an der Annahme der angebotenen Leistung verhindert ist, es sei denn, dass der Schuldner ihm die Leistung eine angemessene Zeit vorher angekündigt hat. Daraus folgt für Fall 63, dass der Händler, zwar nach § 271 II BGB schon vor dem 01.03. liefern darf, seine Lieferung zunächst aber eine angemessene Zeit vorher ankündigen muss. Ohne diese gerät Jan nicht in Verzug, wenn er die Leistung am 15.02. nicht annehmen kann. Der Gläubiger muss sich also nicht zu jeder Zeit in Annahmebereitschaft halten.

Der Eintritt des Annahmeverzugs ist, im Gegensatz zum Schuldnerverzug nach § 286 IV BGB verschuldensunabhängig. Einen besonderen Fall des nicht ordnungsgemäßen Verhaltens des Gläubigers bei der Annahme regelt der § 298 BGB. Ist der Schuldner nur gegen eine Leistung des Gläubigers zu leisten verpflichtet, so kommt der Gläubiger in Verzug, wenn er zwar die angebotene Leistung anzunehmen bereit ist, die verlangte Gegenleistung aber nicht anbietet.

Zu den Voraussetzungen des Annahmeverzugs und zu den wichtigsten Folgen des Annahmeverzugs nun zwei Übersichten:

Übersicht 22: Voraussetzungen des Annahmeverzugs

▶ **Leistungsberechtigung**:
Der Schuldner muss zur Leistung berechtigt sein, die Leistung muss erfüllbar sein.

▶ **Leistungsvermögen**:
Gläubigerverzug tritt nur ein, wenn der Schuldner zur Leistung im Stande ist.

▶ **Leistungsangebot**:
bloße Leistungsbereitschaft ist nicht ausreichend, die Leistung muss vielmehr so wie sie geschuldet wird, am rechten Ort, zur rechten Zeit und in rechter Weise angeboten werden.

▶ **Nichtannahme**
der Leistung

Der Gläubigerverzug führt nicht zur Befreiung von Leistungspflichten, da das Schuldverhältnis in seinem Bestand unberührt bleibt. Er löst aber eine Vielzahl anderer Konsequenzen aus:

Übersicht 23: Wichtigste Folgen des Annahmeverzugs

Haftungserleichterung für den Schuldner tritt ein. Er hat nur Vorsatz und grobe Fahrlässigkeit zu vertreten.	§ 300 I BGB
Bei Gattungsschulden geht die **Leistungsgefahr** auf den Gläubiger über. Es besteht insbesondere keine Beschaffungspflicht mehr.	§ 300 II BGB
Verzinsliche **Geldschuld** hat der Schuldner während des Verzugs nicht zu verzinsen	§ 301 BGB
Schuldner muss **Nutzungen** eines Gegenstands herausgeben oder ersetzen, wenn er sie tatsächlich gezogen hat.	§ 302 BGB
Wenn der Schuldner zur Herausgabe eines Grundstücks oder eines eingetragenen Schiffs oder Schiffsbauwerks verpflichtet ist, kann er nach Androhung den **Besitz aufgeben** (vgl. befreiende Notabwicklung in Lektion 8).	§ 303 BGB

Anspruch auf Ersatz der durch den Verzug entstandenen **Mehraufwendungen**, die der Schuldner für das erfolglose Angebot sowie für die Aufbewahrung und Erhaltung des geschuldeten Gegenstands machen musste.	§ 304 BGB
Trotz **Untergangs** der geschuldeten Sache behält der Schuldner den Anspruch auf die Gegenleistung, wenn die Unmöglichkeit während des Annahmeverzugs durch einen von ihm nicht zu vertretenden Umstand eingetreten ist.	§ 326 II BGB
Hinterlegungsrecht des Schuldners (vgl. befreiende Notabwicklung in Lektion 8).	§ 372 S. 1 BGB

Weitere Folgen des Annahmeverzugs finden sich beispielsweise in den §§ 274 II, 322 II, 615, 642 und 644 I S. 2 BGB. Eine besondere Stellung nimmt unter diesen der § 642 I BGB ein, der einem Werkunternehmer für den Fall des Annahmeverzugs des Bestellers eine angemessene Entschädigung zubilligt. Im Gegensatz zu dem Grundsatz, dass der Annahmeverzug, aufgrund seiner Rechtsnatur einer bloßen Obliegenheitsverletzung, keine Ersatzansprüche des Schuldners auslöst, gilt hier Abweichendes. Während der Schuldner nämlich nach den allgemeinen Vorschriften beim Annahmeverzug lediglich seine Mehraufwendungen ersetzt bekommt, gewährt ihm § 642 I einen verschuldensunabhängigen Entschädigungsanspruch, dessen Umfang über den des § 304 BGB deutlich hinausgeht.

In einigen Fällen hat der Gesetzgeber die Leistungsannahme verpflichtend ausgestaltet und sie damit von der bloßen Obliegenheit zur schuldrechtlichen Verpflichtung aufgewertet. Sie finden das etwa beim Kaufvertrag in § 433 II BGB (ebenso in § 640 I BGB für den Werkvertrag): Der Käufer ist verpflichtet, dem Verkäufer den vereinbarten Kaufpreis zu zahlen und die gekaufte Sache abzunehmen. In diesem besonderen Fall können sich Schuldner- und Gläubigerverzug in einer Person vereinigen. Im Fall 64 ist Jan Gläubiger des Anspruchs auf Übergabe und Übereignung der bestellten Räder. Indem er sie nicht annimmt, gerät er in Gläubigerverzug, der allerdings nicht mit Schadensersatzansprüchen verbunden ist. Der Händler kann aber die 500 € nach § 304 BGB als Mehraufwendungen für die Aufbewahrung der geschuldeten Sache verlangen. Darüber hinaus ist er als Käufer aber zugleich auch zur Abnahme der Leistung verpflichtet.

Das Unterlassen dieser Pflicht löst daher zusätzlich auch noch einen Verzug als Schuldner i.S.v. § 286 BGB aus. Dem Händler steht daher gegen Jan ein Anspruch auf Ersatz seiner Lagerkosten auch noch nach §§ 280 I u. II i.V.m. 286 BGB zu.

Leitsatz 13

Obliegenheiten

Von den schuldrechtlichen Verpflichtungen sind die Obliegenheiten **zu unterscheiden**. Für sie ist charakteristisch, dass dem anderen Teil zumeist weder ein Erfüllungsanspruch noch eine Möglichkeit zur Klage oder Durchsetzung zusteht. Obliegenheitsverletzungen führen zudem regelmäßig nicht zu Schadensersatzansprüchen, sondern stellen dem Obliegenheitsbelasteten **nur Rechtsnachteile** im Fall der Nichtbeachtung in Aussicht.

Der Gläubiger kann den einmal eingetretenen Annahmeverzug nachträglich beenden, indem er sich zur Annahme der Leistung bereit erklärt bzw. die erforderlichen Mitwirkungshandlungen nachholt. Im Gegensatz dazu müsste ein nachträglich wieder leistungsbereiter und -williger Schuldner dem Gläubiger die Leistung anbieten, um den Schuldnerverzug zu beenden.

Störung der Geschäftsgrundlage

Fall 65

Jans Großvater hat ihm einmal von einer Geschichte aus seiner Jugend erzählt, in der Zahlungsansprüche aufgrund einer großen Inflation plötzlich keinen Wert mehr hatten. Jan fragt sich, was mit seinen ausstehenden Forderungen passiert, wenn sich diese Vorkommnisse wiederholen würden.

Bei einem Vertragsabschluss gehen die Parteien regelmäßig von Vorstellungen über das Vorhandensein oder den künftigen Eintritt bestimmter Umstände aus. Diese machen sie zur Grundlage ihrer Entscheidung (clausula rebus sic stantibus), ohne dass sie ihnen im Vertragsinhalt Ausdruck verleihen. Wird später deutlich, dass die vorgestellten Umstände entgegen den Erwartungen nicht vorhanden waren, sie nicht eintreten werden oder bereits weggefallen sind, will die Partei, zu deren Nachteil sich dies auswirkt, den Vertrag häufig den wirklichen Umständen anpassen oder sich notfalls sogar von ihm lösen. Das gilt insbesondere dann, wenn der Vertrag in seinen Grundlagen so schwerwiegend gestört ist, dass seine unveränderte Durchführung unter Berücksichtigung aller Umstände des Einzelfalles nicht mehr zumutbar erscheint. Eine Anfechtung wegen Irrtums nach § 119 BGB scheidet einerseits aus, weil sich die Parteien über die Umstände, die nicht eingetreten sind, keine klaren Vorstellungen gemacht haben und deshalb auch insoweit nicht irren konnten. Es sind diejenigen Verhältnisse, die die Parteien gerade für sicher und selbstverständlich halten und sich deswegen zumeist keine klaren Vorstellungen davon machen. Andererseits irren die Parteien nicht über den Inhalt der von ihnen abgegebenen Erklärung, sondern allenfalls über das zugrunde liegende Motiv. Motivirrtümer berechtigen aber im Allgemeinen nicht zur Anfechtung nach den §§ 119 ff. BGB.

Auf dem Prinzip von Treu und Glauben basierend wurde daher die Lehre von der Störung oder dem Wegfall der Geschäftsgrundlage entwickelt, um bestehende Vertragsverhältnisse einschneidenden wirtschaftlichen Veränderungen anpassen zu können. Positiv normiert ist diese Rechtsfigur heute im § 313 BGB, der in seinem Absatz 1 den nachträglichen Wegfall der objektiven oder subjektiven Geschäftsgrundlage und in Absatz 2 das anfängliche Fehlen der subjektiven Geschäftsgrundlage regelt.

Die Störung der Geschäftsgrundlage nach § 313 I BGB setzt zunächst voraus, dass zwischen den Parteien ein wirksamer Vertrag besteht und sich Umstände nach Vertragsschluss wesentlich verändert haben. Dieses erste Merkmal der Geschäftsgrundlagenstörung wird auch als reales oder tatsächliches Element bezeichnet. Die Umstände dürfen nur Geschäftsgrundlage sein und müssen sich vom Inhalt des Vertrags unterscheiden. Alles, was die Parteien bereits durch Vereinbarung zum Inhalt des Vertrags bestimmt haben, kann also nicht zugleich Geschäftsgrundlage sein. Aus diesem Grund hat die Vertragsauslegung nach den §§ 133, 157 BGB stets Vorrang gegenüber § 313 BGB. Lässt sich bereits durch die Vertragsauslegung bestimmen, was für den konkreten Fall der Störung vorgesehen war (z.B. ein Ausgleichsanspruch), so gilt dies und eine Anwendung von § 313 BGB muss ausscheiden. Eine schwerwiegende Veränderung kann auch im Entstehen eines groben Missverhältnisses zwischen Leistung und Gegenleistung – einer sogenannten Äquivalenzstörung – liegen (wirtschaftliche Unmöglichkeit).

Weiterhin setzt § 313 I BGB eine hypothetische Betrachtung voraus. Danach kommt es darauf an, dass die Parteien den Vertrag nicht oder nur mit anderem Inhalt geschlossen hätten, wenn sie die Änderung vorausgesehen hätten (hypothetisches Element). Maßgeblich ist dabei der Moment des Vertragsschlusses.

Die letzte Voraussetzung ist das sogenannte normative Element. Dieses zu prüfen, bedeutet die Frage zu stellen, ob das Festhalten am unveränderten Vertrag für den einen Teil unzumutbar ist. Hierbei sind alle Umstände des Einzelfalls zu berücksichtigen und in eine beiderseitige Interessensabwägung einzubeziehen. Dabei ist insbesondere die durch den Vertrag oder etwaige gesetzliche Regeln vorgegebene Risikoverteilung zu berücksichtigen. Ist einer Partei nämlich bereits durch den Vertrag ein höheres Risiko zugewiesen, verbietet es der pacta-sunt-servanda-Grundsatz, sich allein aufgrund der Verwirklichung dieses Risikos vom Vertrag lösen zu wollen. Aufgrund der Anknüpfung der Geschäftsgrundlagenstörung an die Grundsätze von Treu und Glauben ist darüber hinaus einer Partei ein Berufen auf § 313 I BGB auch dann verwehrt, wenn sie die Störung selbst verursacht hat.

Typische Fälle von § 313 I BGB sind erhebliche Leistungserschwernisse, wie etwa Rohstoffmängel während eines Krieges und Äquivalenzstörungen, bei denen unvorhersehbare Umstände die Gleichwertigkeit von Leistung und Gegenleistung nachträglich aufheben. Anderes gilt für normale Kurschwankungen, die zum normalen Risiko jeder Vertragspartei gehören.

Einer Veränderung der Umstände steht es nach § 313 II BGB gleich, wenn wesentliche Vorstellungen, die zur Grundlage des Vertrags geworden sind, sich als falsch herausstellen. Hiermit sind primär beiderseitige Motivirrtümer erfasst, also Umstände, die die Parteien zur Grundlage ihres Vertrags erhoben haben und sich nachträglich als unzutreffend herausstellen.

Im Fall 65 würden sich wesentliche Umstände – nämlich die vorausgesetzte grundsätzliche Geldwertstabilität – nachträglich verändern (reales Element). Hätten Käufer und Verkäufer von der nahenden Inflation gewusst, hätten sie den Vertrag nicht oder zumindest nicht so geschlossen (hypothetisches Element). Möglicherweise wäre ein höherer Preis vereinbart worden. Eine automatische Anpassung des Preises zu vereinbaren, ist dagegen aufgrund der inflationsbeschleunigenden Wirkung nach § 1 Preisklauselgesetz nur eingeschränkt möglich. Jan wäre es im Fall einer erheblichen Geldentwertung auch nicht zuzumuten, seine Räder gegen eine völlig außer Verhältnis zum Wert stehende Geldleistung hinzugeben (normatives Element). Ein Fall des § 313 BGB läge mithin vor.

Prüfschema 9: Wegfall der Geschäftsgrundlage

▶ **Geschäftsgrundlage?**
Die Parteien müssen einen Umstand zur Geschäftsgrundlage erhoben haben, der nicht Teil der vertraglichen Einigung war. Dieser Umstand müsste entweder in Wirklichkeit von Beginn an gefehlt haben oder später nicht eingetreten bzw. weggefallen sein.
➡ **reales Element**

▶ **kein Abschluss?**
Die Partei, die sich auf das Nichtbestehen oder den Nichteintritt des Umstands beruft, hätte den Vertrag bei Kenntnis der tatsächlichen Sachlage nicht oder jedenfalls nicht mit diesem Inhalt geschlossen.
➡ **hypothetisches Element**

▶ **Unzumutbar?**
Das Festhalten am Vertrag ist unzumutbar, die Änderung ist hingegen zumutbar. Ist auch die Änderung unzumutbar, bleibt nur die Beendigung des Vertrages durch Rücktritt oder Kündigung.
➡ **normatives Element**

Vorrangige Rechtsfolge der Geschäftsgrundlagenstörung ist ein Anspruch auf Anpassung des Vertrags. Dabei ist die Zumutbarkeit für beide Parteien zu berücksichtigen. Da die Anwendung von § 313 BGB mit einer Durchbrechung des pacta-sunt-servanda-Grundsatzes verbunden ist, hat der Eingriff in den ursprünglichen Vertragsinhalt möglichst zurückhaltend zu erfolgen. Wenn die Vertragsanpassung nicht möglich oder der von der Störung betroffenen Partei nicht zuzumuten ist, hat diese nach § 313 III BGB ein subsidiäres Rücktrittsrecht bzw. Kündigungsrecht (letzteres für Dauerschuldverhältnisse).

Lektion 12: Vertragsstrafe und Schadensersatz

Vertragsstrafe und verwandte Rechtsfiguren

Fall 66
Jan möchte seine Geschäftsräume erweitern und beauftragt dazu den Bauunternehmer Udo mit der Errichtung eines Anbaus. In dem Vertrag verpflichtet sich Udo gegenüber Jan, das Bauwerk zum 01.10. zu übergeben. Für jeden Tag der Fristüberschreitung soll er 100 € zahlen. Da der Anbau erst 20 Tage später übergeben werden kann, muss sich Jan bis dahin mit einer geringeren Verkaufsfläche begnügen. Insgesamt entsteht ihm ein Schaden von 2.500 €, den er allerdings nur in Höhe von 1.800 € nachweisen kann. Was kann Jan verlangen?

Fall 67
Wie oben, allerdings bestreitet Udo, dass das Haus nicht rechtzeitig fertiggestellt worden sei; hilfsweise macht er geltend, an der Fristüberschreitung nicht Schuld zu sein. Hat er mit diesen Einwendungen Erfolg?

Fall 68
Im Ausgangsfall ist eine tägliche Vertragsstrafe von 5.000 € vereinbart; Udo macht im Prozess geltend, die Strafe sei zu hoch. Hat er Recht?

Ein Themenkomplex aus dem Allgemeinen Schuldrecht, mit dem Sie im Studium eher selten konfrontiert werden und der in Klausuren eine nur sehr geringe Bedeutung einnimmt, ist das in den §§ 339 ff. BGB geregelte Recht der Vertragsstrafen. Der Vollständigkeit halber soll er hier kurz erwähnt werden. Die Parteien eines Vertrags können vereinbaren, dass der Schuldner dem Gläubiger bei Nichterfüllung oder nicht rechtzeitiger Erfüllung bzw. einer sonstigen Pflichtverletzung eine bestimmte Geldsumme zu zahlen oder eine andere Leistung zu erbringen hat. Rechtlich handelt es sich dabei um ein aufschiebend bedingtes (§ 158 I BGB) Leistungsversprechen.

Vertragsstrafenvereinbarungen können mehrere Funktionen haben. Zum einen verbessern sie die Stellung des Gläubigers dort, wo gesetzliche Schadensersatzansprüche nicht ausreichen. Das betrifft insbesondere den Fall nicht kommerzialisierbarer Nichtvermögensschäden, die nach § 253 I BGB i.d.R keine Ersatzansprüche auslösen. Vereinbarungen von

Vertragsstrafen sind auch bei Konkurrenzverboten und anderen Unterlassungspflichten besonders häufig. Hier kann eine Vertragsstrafe einen angemessenen Ausgleich für eine mögliche Verletzung gewähren. Darüber hinaus erspart ein pauschaliertes Strafversprechen dem Gläubiger den unter Umständen sehr müßigen und nur schwer zu führenden Nachweis der Schadenshöhe. Verletzt der Schuldner eine Vertragspflicht, kann der Gläubiger die Vertragsstrafe als Mindestschaden verlangen (vgl. §§ 340 II, 341 II BGB). Zusätzlich gibt die Vereinbarung dem Gläubiger ein Druckmittel in die Hand: Der Schuldner wird zur Vermeidung einer Vertragsstrafe besonders bestrebt sein, seine Verpflichtung ordnungsgemäß zu erfüllen (in der Praxis der Hauptgrund für die Vereinbarung einer Vertragsstrafe).

Vertragsstrafenvereinbarungen sind jedoch nicht grenzenlos zulässig. Das BGB enthält sowohl Invidualvertragsverbote als auch Beschränkungen für Allgemeine Geschäftsbedingungen.

Vermeiden Sie einen häufigen Fehler und achten Sie in der Klausur unbedingt darauf, immer zuerst zu prüfen, ob eine Vereinbarung bereits für Individualverträge ausgeschlossen ist! Wenn das der Fall ist, kommt es auf das Vorhandensein von AGB überhaupt nicht mehr an.

Individualvertragliche Verbote von Vertragsstrafen finden Sie beispielsweise in § 555 BGB für Mietverträge und in § 9 II S. 3 VVG für Versicherungsverträge. In Allgemeinen Geschäftsbedingungen sind Vertragsstrafenvereinbarungen gegenüber Verbrauchern durch § 309 Nr. 6 BGB erheblich beschränkt.

Die Verwirkung der Vertragsstrafe setzt nach § 344 BGB neben der entsprechenden Vereinbarung eine Hauptverbindlichkeit voraus. Mit Verwirkung i.S.v. § 339 BGB ist der Eintritt der Forderungsberechtigung gemeint. Diese ist von der Verwirkung (Rechtsverlust) nach § 242 BGB zu unterscheiden. Ist die Hauptverbindlichkeit aus irgendeinem Grunde nichtig (etwa aufgrund von §§ 125, 134 oder 138 BGB), ist auch das Strafversprechen unwirksam. Das gilt selbst dann, wenn die Parteien die Strafabrede vereinbaren, obwohl sie die Unwirksamkeit der Hauptverbindlichkeit kennen. Auf diese Weise soll verhindert werden, dass die Erfüllung einer unwirksamen Hauptverbindlichkeit durch ein trotzdem bindendes Strafversprechen praktisch erzwungen wird.

Hinsichtlich der Beweislast muss nach § 345 BGB unterschieden werden, ob es sich bei der Hauptverbindlichkeit um ein positives Tun oder um ein Unterlassen handelt. Ist die Vertragsstrafe für den Fall versprochen, dass die Hauptverbindlichkeit nicht oder in nicht gehöriger Weise erfüllt wird, so ist die Strafe verwirkt, wenn der Schuldner in Verzug kommt. Bestreitet der Schuldner die Verwirkung der Strafe mit dem Argument, er habe die Verbindlichkeit erfüllt, so hat er diese Erfüllung zu beweisen. Anderes gilt, sofern die geschuldete Leistung in einem Unterlassen besteht. Hier trifft die Beweislast für die die Verwirkung der Vertragsstrafe auslösende Zuwiderhandlung den Gläubiger.

Nicht ganz unproblematisch ist das Verhältnis der Ansprüche auf Erfüllung, Schadensersatz und Vertragsstrafe zueinander. Hier unterscheidet das Gesetz danach, ob die Strafe für den Fall der Nichterfüllung oder der nicht gehörigen Erfüllung versprochen ist. Der Gläubiger kann im Fall der Nichterfüllung Erfüllung und Vertragsstrafe nicht nebeneinander verlangen. Er hat nur das Recht nach § 340 I S. 1 BGB zwischen beiden zu wählen. Verlangt er die Strafe, dann ist der Erfüllungsanspruch nach § 340 I S. 2 BGB ausgeschlossen (elektive Konkurrenz). Eine nicht gehörige Erfüllung im Sinne des Gesetzes dagegen liegt vor, wenn der Schuldner verspätet oder schlecht leistet. Ist für einen solchen Fall eine Vertragsstrafe versprochen, kann sie neben der Erfüllung verlangt werden. Hier tritt die Strafe schließlich nicht an die Stelle der Erfüllung, sondern soll nur die Ordnungsmäßigkeit der Erfüllung sichern (siehe oben Fall 62). Hat der Gläubiger aber die Leistung als Erfüllung angenommen, steht ihm ein Anspruch auf die Strafe nach § 341 III BGB nur zu, wenn er sich das Recht dazu bei der Annahme vorbehalten hat.

Der Gläubiger kann neben der Vertragsstrafe nicht Ersatz des ganzen Schadens verlangen, denn die Strafe ist eine besondere Form des Ersatzes. Der Gläubiger kann die Vertragsstrafe nur als Mindestbetrag seines Schadens ohne Schadensnachweis verlangen. Ist der Schaden höher als die Vertragsstrafe und will der Gläubiger den die Vertragsstrafe übersteigenden Schadensanteil geltend machen, so muss er insoweit die allgemeinen Voraussetzungen eines Schadensersatzanspruches, insbesondere die Höhe des Schadens, darlegen und beweisen. Für Fall 66 bedeutet das, dass Jan ohne weiteren Nachweis der Schadenshöhe nur 2.000 € beanspruchen kann. Die Vertragsstrafe beträgt 20 × 100 €. Dieser Betrag kann als Mindestschaden ohne Schadensnachweis verlangt werden. Der weitergehende Schadensersatzanspruch von 500 € ist nicht durchsetzbar, weil Jan nicht in der Lage ist, die Schadenshöhe zu beweisen.

Für die Lösung von Fall 67 ist der § 345 BGB von Bedeutung. Der Gläubiger hat, wenn er den Anspruch auf die Vertragsstrafe wegen Schuldnerverzugs geltend macht, das Bestehen der Vertragsstrafenabrede und die objektiven Verzugsvoraussetzungen (z.B. Mahnung) zu beweisen. Den Schuldner trifft dagegen die Beweislast für die Erfüllung und – da § 286 IV BGB eine Verschuldensvermutung anordnet – die Tatsache, dass ihn kein Verschulden trifft. Das bedeutet, Udo muss im Fall 67 beweisen, dass er rechtzeitig erfüllt oder die Verzögerung nicht zu vertreten hat. Gelingt ihm dies nicht, ist er zur Zahlung der Vertragsstrafe verpflichtet.

Bleibt Fall 68: Die Lösung findet sich in § 343 BGB. Ist die verwirkte Strafe unverhältnismäßig hoch, kann sie auf Antrag des Schuldners durch Urteil auf den angemessenen Betrag herabgesetzt werden. Hierbei handelt es sich um einen seltenen Fall, in dem das Gesetz dem Richter die Befugnis gibt, gestaltend in einen Vertrag einzugreifen. Da der unerfahrene und unbesonnene Vertragspartner geschützt werden soll, ist die Bestimmung durch Parteivereinbarung unabdingbar. Der Schutz greift daher nach § 348 HGB nicht ein, wenn der Schuldner bei Vertragsabschluss Kaufmann war oder wenn er nach § 343 I S. 3 BGB die Strafe bereits freiwillig entrichtet hat. Bei der Beurteilung der Angemessenheit hat der Richter alle Umstände des Einzelfalls und nicht nur das Vermögensinteresse zu berücksichtigen. Im Fall 68 käme eine richterliche Herabsetzung der Vertragsstrafe also nur in Betracht, wenn Udo nicht Kaufmann ist (§ 348 HGB). Anderenfalls bliebe allein die Prüfung, ob die Strafhöhe gegen die guten Sitten verstößt und daher nach § 138 BGB nichtig ist.

Die Vertragsstrafe ist von einer Reihe ähnlicher Erscheinungsformen abzugrenzen. Dazu hier eine Aufstellung:

1. Selbstständiges Strafversprechen
2. Vereinsstrafen
3. Betriebsstrafen
4. Reugeld
5. Draufgabe
6. Pauschalierter Schadensersatz

Die Vertragsstrafe wird vom Schuldner für den Fall der Verletzung einer Verbindlichkeit versprochen. Davon ist das selbstständige Strafversprechen nach § 343 II BGB zu unterscheiden, das zur Sicherung einer nicht geschuldeten Handlung versprochen wird.

Fall 69
Jan, der früher selbst stark geraucht hat, möchte Claudia das Rauchen abgewöhnen und lässt sich deswegen für jede von ihr gerauchte Zigarette 2 € versprechen. Geht das?

Ein solches selbstständiges Strafversprechen ist rechtlich möglich, wie sich aus § 343 II BGB ergibt.

Vereinsstrafen sind keine Vertragsstrafen, weil sie auf der Unterwerfung des Mitglieds unter die Vereinssatzung und nicht auf einem Vertrag beruhen.

Betriebsstrafen, die bei Verstößen gegen verbotene Handlungen im Betrieb, oft durch ein „Betriebsgericht" verhängt werden, beruhen auf vertraglicher Grundlage (Arbeitsvertrag, Betriebsvereinbarung, Tarifvertrag).

Das Reugeld unterscheidet sich von der Vertragsstrafe dadurch, dass es keine Strafe für Nichterfüllung oder nicht gehörige Erfüllung ist, sondern dazu dient, sich ein gesondertes Rücktrittsrecht zu erkaufen.

Fall 70
Jan verkauft an Bjarne einen alten Koffer, den er auf dem Dachboden gefunden hat. Beide vereinbaren, dass Jan binnen 14 Tagen vom Vertrag gegen Zahlung einer „Strafe" von 20 € zurücktreten kann. Wie ist die rechtliche Einordnung dieser Vereinbarung?

Hier wurde ein Reugeld vereinbart. Der Rücktritt ist nach § 353 S. 1 BGB nur wirksam, wenn Jan spätestens mit der Rücktrittserklärung die 20 € zahlt.

Fall 71
Da Jans Geschäfte gut laufen, entschließt er sich gemeinsam mit seiner Frau, eine Haushälterin einzustellen. Claudia gibt der neuen Hausangestellten am Ende der Vertragsverhandlung 20 €. Was ist geschehen?

In der Rechtspraxis nur noch äußerst selten anzutreffen ist die Draufgabe. Sie ist die Leistung eines Vertragspartners zur Bestätigung eines Vertragsabschlusses (§ 336 BGB). Die Draufgabe erbringt also den Beweis, dass der Vertrag zu Stande gekommen ist. Wer etwas anderes behauptet, muss es beweisen. Die Überreichung der 20 € gilt damit als Zeichen des Vertragsschlusses.

Wird ein pauschalierter Schadensersatz vereinbart, soll damit dem Gläubiger bei einem Schadensersatzanspruch der Nachweis des Schadens erspart werden. Die Vereinbarung dient also nicht wie die Vertragsstrafe als Druckmittel zur Erfüllung der Hauptverbindlichkeit. Pauschalierungsklauseln sind nach § 309 Nr. 5 BGB in Allgemeinen Geschäftsbedingungen nur zulässig, wenn die Pauschale den nach dem gewöhnlichen Lauf der Dinge zu erwartenden Schaden nicht übersteigt und der Gegenseite der Nachweis gestattet ist, dass der Schaden nicht entstanden oder wesentlich niedriger als die Pauschale ist.

Schadensersatzansprüche (Haftungsausfüllung und Haftungsbegründung)

Fall 72

Jan ist wieder einmal mit dem Rad unterwegs. Aus Unachtsamkeit übersieht er an einem Kreuzungsbereich den anderen, von rechts herannahenden Radfahrer Matthias, so dass es zur Kollision kommt. Dabei wird Matthias so verletzt, dass er einige Tage ins Krankenhaus muss. Außerdem wird sein Rad stark beschädigt. Hat er Ansprüche gegen Jan?

Das deutsche Zivilrecht folgt dem Grundsatz der Schadensselbsttragung. Das bedeutet, dass jemand, der an seinen Rechtsgütern eine unfreiwillige Einbuße erleidet, den daraus resultierenden Schaden ausnahmsweise nur dann ersetzt verlangen kann, wenn das Gesetz dafür eine spezielle Anspruchsgrundlage bereit hält. Der Umstand, dass jemand einem anderen Schadensersatz zu leisten hat, verfolgt dabei regelmäßig keinen Strafzweck, sondern dient allein dem Ausgleich erlittener Nachteile.

Merken Sie sich den folgenden Grundsatz:

Leitsatz 14

Ziel und Zweck des Schadensersatzes

Das Schadensersatzrecht wird in erster Linie von dem **Gedanken des Ausgleichs** bestimmt: Ziel und Zweck des Schadensersatzes bestehen im **Ausgleich** und in der **Wiedergutmachung** der durch das schädigende Ereignis eingetretenen Folgen.

Im Hinblick auf Schadensersatzansprüche ist zwischen Haftungsbegründung und Haftungsausfüllung zu unterscheiden:

Die Haftungsbegründung ist die Ebene, auf der zu prüfen ist, ob dem Geschädigten dem Grunde nach überhaupt ein Schadensersatzanspruch gegen den Schädiger zusteht. Hier kommt es also beispielsweise auf das Vorliegen der Voraussetzung der §§ 280 ff. BGB an, die Sie bereits kennengelernt haben. Weitere Anspruchsgrundlagen für Schadensersatzansprüche, die bei Vorliegen ihrer Voraussetzungen eine Haftung des Schädigers begründen, finden Sie beispielsweise im Deliktsrecht in § 823 I BGB (lesen!). Im Fall 72 hat Jan fahrlässig das Eigentum und die Gesundheit von Matthias verletzt, so dass ein Anspruch aus § 823 I BGB dem Grunde nach besteht.

Im Rahmen der Haftungsausfüllung ist nun zu prüfen, ob ein ersatzfähiger Schaden vorliegt. Dazu muss es sich um eine ersatzfähige Schadensposition (Art und Umfang des Schadens) handeln, die kausal auf die Verletzung des Rechtsguts zurückzuführen ist.

Um schadensersatzpflichtig zu werden, muss zwischen der Handlung des Schädigers und dem Schaden ein Zusammenhang bestehen, der als Kausalität bezeichnet wird. Dabei wird im Schadensersatzrecht zwischen haftungsbegründender (die Verletzungshandlung führt zur Rechtsgutsverletzung) und haftungsausfüllender (die Rechtsgutsverletzung führt zum Schaden) Kausalität unterschieden. Unter Kausalität versteht man im naturwissenschaftlichen Sinne jede für den Erfolgseintritt erforderliche Voraussetzung, bei deren Wegfall auch der Erfolg entfiele (conditio-sine-qua-non-Formel). Jedoch nur, wenn die Voraussetzung unter normalen Bedingungen ohne Hinzutreten besonderer unabsehbarer Ursachen zum Erfolg führt, setzt die zivilrechtliche Verantwortung ein (Adäquanz).

Da der Unterschied zwischen haftungsbegründender und haftungsausfüllender Kausalität zu den wichtigsten Grundsätzen des Haftungsrechts gehört, sollten Sie sich die folgende Übersicht einprägen.

Übersicht 24: Haftungsausfüllung und Haftungsbegründung

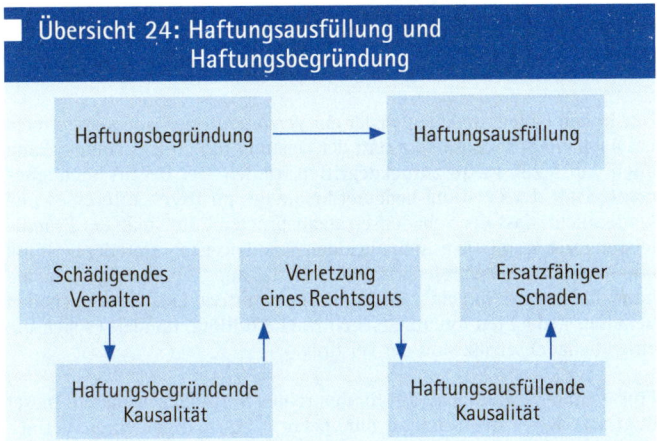

Bereits auf der Stufe der Haftungsbegründung müssen Sie überprüfen, für welche Art von Schäden die von Ihnen gefundene Anspruchsgrundlage gilt. Für die Ansprüche auf Schadensersatz aufgrund einer vertraglichen oder vorvertraglichen Pflichtverletzung nach den §§ 280, 311 II, 281, 282 und 283, 311a II BGB wird nach der Art des eingetretenen Schadens unterschieden.

Übersicht 25: Schadensersatz nach §§ 280 ff. BGB

Verzögerungs-schaden	Schadensersatz statt Leistung	Alle sonstigen Schäden
§ 280 I u. II	**Nichtleistung und Schlechtleistung § 281 BGB**	§ 280 I bzw. § 311 II BGB

| § 286 BGB | **Verletzung** einer **Verhaltenspflicht**, § 282 BGB | |
| | **Ausschluss** der Leistungspflicht, § 283 bzw. 311a II BGB | |

Nur in den Fällen, in denen weder ein Verzögerungsschaden eingetreten ist, noch ein Schadensersatz statt der Leistung in Betracht kommt, kann allein auf § 280 I BGB zurückgegriffen werden. Der Begriff Schadensersatz statt der Leistung bedeutet Ersatz des positiven Interesses und verdeutlicht, dass der Schadensersatzanspruch an die Stelle der Primärleistung treten soll. Ob es sich um einen Schadensersatz statt der Leistung oder um einen Schadensersatz neben der Leistung für sonstige Schäden handelt, lässt sich mit einer Kontrollfrage ermitteln: Entfiele der Schaden bei einer gedachten hypothetischen Nacherfüllung, handelt es sich um einen Schadensersatz statt der Leistung.

Eine weitere Besonderheit gilt für den reinen Vermögensschaden. Dieser liegt vor, wenn der Schaden nur in Form eines allgemeinen Vermögensnachteils besteht, ohne dass es zu einer Verletzung von absoluten Rechten i.S.v. § 823 I BGB gekommen ist. Absolute Recht sind solche, die einer Person eindeutig zugewiesen sind und die ihr ein Abwehrrecht gegen jedermann gewähren.

Während es etwa bei einer Eigentumsverletzung unerheblich ist, ob sich der Geschädigte auf § 280 I oder § 823 I BGB beruft, kommt es für reine Vermögensschäden bereits auf die Anspruchsgrundlage an. Grund hierfür ist die Aufzählung von ersatzfähigen Rechtsgütern in der deliktischen Anspruchsgrundlage § 823 I BGB. Vom Schutz erfasst sind dort Leben, Körper, Gesundheit, Freiheit und Eigentum sowie sonstige Rechte. Bei dem Begriff der „sonstigen Rechte" besteht, aufgrund der gemeinsamen Nennung mit den anderen absoluten Schutzgütern, Einigkeit, dass es sich ebenfalls nur um absolute Rechte, wie etwa das allgemeine Persönlichkeitsrecht, Urheberrechte oder das Anwartschaftsrecht handeln kann. Reine Vermögensschäden werden dagegen nach § 823 I BGB nicht ersetzt.

Übersicht 26: Vermögensschaden / absolutes Rechtsgut

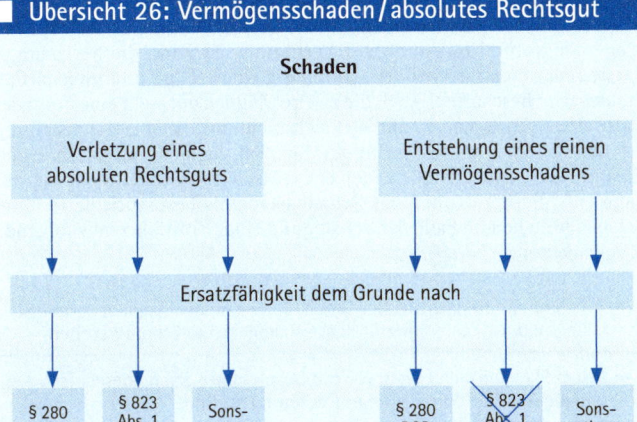

Art des Schadensersatzes und Mitverschulden des Geschädigten

Fall 73
Aufgrund der Kollision im Fall 72 entstehen Matthias Behandlungskosten i.H.v. 1000 € und ein Verdienstausfall i.H.v. 500 €. Zusätzlich entstehen auch seiner Frau Birgit Kosten i.H.v. 50 € für einen einmaligen Krankenbesuch. Welche Ansprüche hat Matthias gegen Jan?

Fall 74
Bei der eingehenden Untersuchung des Unfalls gelangt die Polizei zu dem Ergebnis, dass auch Matthias für den Unfall im Fall 72 verantwortlich war, da er deutlich zu schnell in den Kreuzungsbereich eingefahren ist. Dieser Umstand hat Jan die Vermeidung des Unfalls erheblich erschwert. Kommt es für den Schadensersatzanspruch darauf an?

Die auf der Stufe der Haftungsausfüllung zu betrachtende Art und der Umfang des Schadensersatzes richten sich im Wesentlichen nach den §§ 249 ff. BGB. Danach gilt der Grundsatz der Naturalrestitution.

Das heißt, der Schädiger hat den Zustand herzustellen, der ohne das schädigende Ereignis bestehen würde. Dem Geschädigten stehen zwei Wege der Naturalrestitution zur Verfügung: Er kann die beschädigte Sache reparieren lassen oder sich eine gleichwertige und gleichartige Ersatzsache beschaffen. Auch die zweite Möglichkeit stellt eine Form der Naturalrestitution dar, da ihr Ziel sich nicht auf die Wiederherstellung der beschädigten Sache beschränkt. Sie zielt vielmehr darauf ab, einen Zustand wiederherzustellen, der bei wirtschaftlicher Betrachtung der Lage entspricht, die ohne das Schadensereignis bestanden hätte. Zum Beispiel bestehen im Falle der Schädigung eines Kraftfahrzeugs folgende Möglichkeiten:

➡ **Tatsächliche Reparatur**: Der Geschädigte kann die Sache reparieren lassen und die Kosten hierfür dem Schädiger **in Rechnung stellen**.

➡ **Ersatz**: Er kann sich **Ersatz für die beschädigte Sache** beschaffen und die Anschaffungskosten **in Rechnung stellen**.

➡ **Abrechnen**: Er kann auf der Grundlage eines **Sachverständigengutachtens** die erforderlichen **Reparaturkosten abrechnen**, auch ohne dass eine Reparatur erfolgt ist.

Unter diesen Möglichkeiten des Schadensausgleichs hat der Geschädigte grundsätzlich diejenige zu wählen, die den geringsten Aufwand erfordert. Er muss nach dem Wirtschaftlichkeitspostulat handeln. Im Einzelfall ist dann allerdings zu prüfen, ob einer der vielen anerkannten Ausnahmefälle vorliegt, die dem Geschädigten unter Berücksichtigung seines Affektionsinteresses eine unwirtschaftliche Entscheidung gestatten. Bekanntestes Beispiel ist hier die 130%-Grenze bei der Autoreparatur. Danach darf der Geschädigte bei einer tatsächlich erfolgten und fachgerecht durchgeführten Reparatur die dabei angefallenen Kosten bis zur Grenze von 130% des Wiederbeschaffungswerts beim Schädiger geltend machen.

Das Prinzip der Naturalrestitution durch den Schädiger selbst entspricht in vielen Fällen nicht der Interessenlage zwischen Schädiger und Geschädigtem, weil es unzweckmäßig, unzumutbar oder sogar unmöglich sein kann, den ursprünglichen schadensfreien Zustand wiederherzustellen. Daher hat der Gesetzgeber den Grundsatz der Naturalrestitution durch die §§ 249 II, 250, 251 BGB durchbrochen.

Der Anspruch auf Naturalrestitution setzt voraus, dass die Restitution möglich ist. Soweit die Herstellung nicht möglich ist, hat eine Kompensation in Geld zu erfolgen. Dabei ist der Regelungsgegenstand der beiden Absätze des § 251 BGB unterschiedlich: Ist Naturalrestitution nicht möglich oder für den Geschädigten nicht genügend, besteht nach § 251 I BGB im Gläubigerinteresse ein Anspruch auf Geldersatz. Dagegen begünstigt § 251 II S. 1 BGB den Schuldner: Er kann Naturalrestitution ablehnen, wenn die Herstellung unverhältnismäßige Aufwendungen erfordert. § 251 II BGB ist damit lex specialis gegenüber § 275 II BGB.

Die §§ 249 ff. BGB regeln allein den Umfang bzw. die Art des Schadensersatzanspruchs und stellen daher keine eigenständigen Anspruchsgrundlagen dar. Vielmehr setzen sie das Bestehen eines entsprechenden Anspruchs dem Grunde nach voraus. Die Vorschriften gelten für alle Schadensersatzansprüche des BGB, unabhängig davon, ob sie auf vertraglicher, gesetzlicher oder vorvertraglicher Grundlage entstehen und unabhängig vom Verschulden des Ersatzpflichtigen. Sie gehören daher ins Allgemeine Schuldrecht.

Der Schaden im Sinne der §§ 249 ff. BGB setzt eine unfreiwillige Vermögenseinbuße voraus, die jemand an seinen Rechtsgütern erleidet.

Im Fall 73 wurde Matthias sowohl an seiner Gesundheit als auch an seinem Eigentum geschädigt. Eine ersatzfähige Schadensposition liegt daher vor. Nach § 249 II S. 1 BGB kann der Geschädigte bei Personen- und Sachschäden statt der Herstellung den dazu erforderlichen Geldbetrag verlangen. Ein Grund für diese Regelung ist der Umstand, dass der Gesetzgeber es dem Geschädigten nicht zumuten wollte, dass dieser sein Rechtsgut in die Hand des Schädigers geben muss. Unabhängig von der Frage, ob der Schädiger zur Naturalrestitution befähigt ist (Jan kann das Rad reparieren, aber nicht die Verletzungen heilen), kann der Geschädigte auf den Zahlungsanspruch übergehen. § 249 I S.1 BGB vermittelt ihm eine Ersetzungsbefugnis. Bei der Beschädigung einer Sache schließt der erforderliche Geldbetrag die Umsatzsteuer nur mit ein, wenn und soweit sie tatsächlich angefallen ist.

Ein bloßes Affektionsinteresse bei Sachschäden ist regelmäßig ebenso wenig zu ersetzen wie der Verlust der Lebensfreude bei irreparablen Gesundheitsschäden. Derartige Nichtvermögensschäden werden nur im

Rahmen des § 253 II BGB ersetzt. Ersatzfähig ist dagegen nach § 252 BGB der **entgangene Gewinn**.

Zu den **Behandlungskosten** bei Gesundheitsverletzungen zählen auch die **Besuchskosten** naher Verwandter und Ehegatten, da Besuche die Heilung fördern. Zwar sind diese im **Fall 73** nicht Matthias, sondern dessen Frau entstanden. Da sie aber keinen eigenen Anspruch gegen Jan hat, kann sie Matthias als eigenen **normativen Schaden** liquidieren.

Von materiellen Schäden ist der **immaterielle Schaden** zu unterscheiden. Dieser tritt an immateriellen Gütern wie etwa **Freiheit und Ehre** ein und ist nach § 253 I BGB regelmäßig nicht in Geld zu ersetzen. Hier bleibt dem Geschädigten allenfalls ein Anspruch auf Naturalrestitution, der allerdings regelmäßig mangels Möglichkeit der Wiederherstellung ausscheidet.

Anderes gilt nur, wenn durch **Gesetz** die Ersatzpflicht in Geld ausdrücklich angeordnet wird. § 253 II BGB enthält eine solche Anordnung:

> Ist wegen einer Verletzung des Körpers, der Gesundheit, der Freiheit oder der sexuellen Selbstbestimmung Schadensersatz zu leisten, kann auch wegen des Schadens, der nicht Vermögensschaden ist, eine **billige Entschädigung in Geld** gefordert werden.

Matthias kann demnach im **Fall 73** neben dem Ersatz seiner materiellen Schäden nach § 253 II BGB ein **angemessenes Schmerzensgeld** verlangen.

Eine weitere Anordnung von Geldersatz für immaterielle Schäden finden Sie im Besonderen Teil des Schuldrechts. Danach kann derjenige, der eine **Reise** i.S.d. §§ 651a ff. BGB gebucht hat, vom Veranstalter eine angemessene Entschädigung in Geld wegen nutzlos aufgewendeter Urlaubszeit verlangen, wenn die Reise vereitelt oder erheblich beeinträchtigt wird. Mehr hierzu im **Schuldrecht BT** – *leicht gemacht*®.

Darüber hinaus ist anerkannt, dass auch die Verletzung des Allgemeinen **Persönlichkeitsrechts** aufgrund seines Verfassungsrangs Ersatzansprüche in Geld begründen kann.

Materielle Schäden sind in der Regel, **immaterielle** Schäden dagegen nur ausnahmsweise, ersatzfähig.

Zwar setzt nicht jede Haftungsgrundlage des BGB ein Verschulden des Schädigers voraus (z.B. nicht bei der Gefährdungshaftung), in jedem Fall beschränkt § 254 BGB (lesen!) aber die Ersatzpflicht, wenn bei der Entstehung oder der Entwicklung des Schadens ein „Verschulden" des Geschädigten mitgewirkt hat. Die Berücksichtigung von Mitverschulden in § 254 BGB beruht auf dem Rechtsgedanken, dass derjenige, der die Sorgfalt außer Acht lässt, die nach der Lage der Sache erforderlich erscheint, um sich selbst vor Schaden zu bewahren, den Verlust oder die Kürzung seines Schadensersatzanspruchs hinnehmen muss. Die Vorschrift ist damit zugleich eine Ausprägung des Grundsatzes von Treu und Glauben.

In Fall 74 wird der Anspruch von Matthias in der Höhe des ihn treffenden Mitverschuldensanteils gekürzt. Über den Verweis von § 254 II S. 2 BGB auf § 278 BGB wird auch das Mitverschulden von Erfüllungsgehilfen und gesetzlichen Vertretern anspruchsmindernd berücksichtigt.

IV. Einbeziehung Dritter

Lektion 13: Außenwirkung des Schuldverhältnisses

Vertrag zugunsten Dritter

■ Fall 75
Gina, Jans Tochter aus erster Ehe, möchte zum Wintersemester ihr Studium aufnehmen und dazu in die Nähe der Universität ziehen. Zu diesem Zweck mietet Jan bei seinem Bekannten Markus eine kleine Wohnung an.

■ Fall 76
Jan kauft beim Händler Viktor ein Fernsehgerät. Da dieser das Modell nicht vorrätig hat, vereinbart er mit seinem Großhändler „MediaTV", dieser solle das bestellte Gerät unmittelbar an Jan liefern. Von wem kann Jan Erfüllung verlangen?

■ Fall 77
Um seiner Neffen finanziell zu unterstützen, legt Jans Onkel Gustav bei der Bank ein Sparkonto auf den Namen von Jan an und zahlt 50.000 € ein. Er vereinbart mit der Bank, dass das Geld im Falle seines Todes seinem Neffen gehören soll. Als dieser Fall eintritt, verlangt Jan das Geld. Zu Recht?

Während beim vertraglichen Schuldverhältnis der Schuldner im Regelfall nur an seinen Vertragspartner zu leisten hat, muss er beim Vertrag zugunsten Dritter die Leistung gegenüber einem Dritten erbringen. Der Schuldner wird hier als Versprechender, der Gläubiger als Versprechensempfänger und der Dritte als Begünstigter bezeichnet. Im Fall 75 ist Jan der Versprechensempfänger, dessen Tochter Gina die Begünstigte und der Vermieter Markus Versprechender.

Die Rechtsbeziehung zwischen dem Versprechensempfänger und dem Versprechenden wird als Deckungsverhältnis und das Verhältnis zwischen Versprechensempfänger und dem Dritten wird als Valutaverhältnis bezeichnet. Beide werden nach den allgemeinen Regeln begründet, was etwa zur Folge hat, dass sich die Form nach dem jeweiligen

Rechtsverhältnis richtet. Die Beziehung zwischen dem Versprechenden und dem Dritten wird Vollzugsverhältnis genannt.

Man unterscheidet zwischen

- ▶ dem echten Vertrag (berechtigenden Vertrag) und
- ▶ dem unechten Vertrag (ermächtigenden Vertrag)

zugunsten Dritter.

Beim echten oder berechtigenden Vertrag zugunsten Dritter erwirbt der Dritte aus diesem Vertrag gemäß § 328 I BGB ohne Zutun ein eigenes Forderungsrecht (Anspruch) gegen den Schuldner.

Das ist eine Besonderheit im BGB, die von den allgemeinen Regeln abweicht. Wie Sie anhand von § 311 I BGB (lesen!) sehen können, bedarf die Begründung eines Schuldverhältnisses durch Rechtsgeschäft eines Vertrags zwischen den Beteiligten, soweit nicht das Gesetz ein anderes vorschreibt. Beteiligt ist vorliegend aber auch der Dritte, der durch § 311 I BGB auch davor geschützt wird, dass ihm jemand ohne seinen Willen einen Anspruch aufdrängt. Es kommt Ihnen sicher eigenartig vor, dass jemand vor dem Erhalt von Rechten geschützt werden muss. Der Grund hierfür ist die Privatautonomie, nach der jeder grundsätzlich frei entscheiden können muss, welche Rechte und Pflichten er für und gegen sich begründet.

Von dieser Regel macht § 328 I BGB eine Ausnahme, indem er den echten Vertrag zugunsten Dritter zulässt. Den Schutz vor einer unliebsamen Forderungsaufdrängung gewährleistet § 333 BGB. Danach kann der Dritte die Forderung, in Abweichung von § 397 I BGB (vgl. dazu Lektion 15), auch einseitig zurückweisen. Der Zweck des echten Vertrags zugunsten Dritter ist zumeist die Versorgung des Dritten.

Um einen unechten oder ermächtigenden Vertrag zugunsten Dritter handelt es sich dagegen, wenn der Schuldner zwar an einen Dritten leisten soll, der Dritte aber keinen eigenen Anspruch auf die Leistung erhält. Fordern und notfalls klagen kann in diesem Fall nur der Versprechensempfänger.

Um in einer Klausur beim Vertrag zugunsten Dritter keinen Fehler zu machen, ist es wichtig, klar zwischen den einzelnen Rechtsverhältnissen zu trennen. Diese finden Sie in der folgenden Übersicht noch einmal grafisch dargestellt:

Übersicht 27: Vertrag zugunsten Dritter

Am Beispiel: Jan mietet für Tochter Gina eine Wohnung bei Markus

- Jan = Mieter = **Versprechensempfänger**
- Deckungsverhältnis (Grundverhältnis): z.B. Mietvertrag
- Markus = Vermieter = **Versprechender**
- Zuwendungsverhältnis (Valutaverhältnis): z.B. Unterhaltsverpflichtung
- Gina ist nicht Mieter aber **begünstigter Dritter**
- Vollzugsverhältnis: Eigener Anspruch von Gina gegen Markus?
  - Wenn ja ➡ echter Vertrag zugunsten Dritter
  - Wenn nein ➡ unechter Vertrag zugunsten Dritter

Weist der Dritte nach § 333 BGB das aus dem Vertrag erworbene Recht gegenüber dem Versprechenden zurück, erlischt das Deckungsverhältnis nicht. Durch Auslegung ist dann zu ermitteln, wem die Leistung nach erfolgter Ablehnung zustehen soll.

Im Rahmen möglicher Leistungsstörungen im Valutaverhältnis ist zu beachten, dass sich der Versprechensempfänger das Verhalten des Dritten nach § 278 BGB zurechnen lassen muss. Außerdem begründet das Vollzugsverhältnis ein vertragsähnliches Vertrauensverhältnis. Die den Schuldner im Deckungsverhältnis treffenden Nebenpflichten bestehen auch gegenüber dem Dritten. Umgekehrt obliegen dem Dritten wegen seiner Rechtsstellung die vertraglichen Nebenpflichten eines Gläubigers.

Störungen des Valutaverhältnisses sind sowohl für das Deckungs- als auch für das Vollzugsverhältnis regelmäßig irrelevant. Würde sich z.B. im Fall 75 nachträglich herausstellen, dass Jan mangels Vaterschaft gegenüber Gina überhaupt nicht zum Unterhalt verpflichtet ist, bleibt das für das Mietvertragsverhältnis und die daraus resultierenden Ansprüche unbeachtlich.

Übersicht 28: Echter und unechter Vertrag zugunsten Dritter

Echter Vertrag (berechtigender) zugunsten Dritter	Unechter Vertrag (ermächtigender) zugunsten Dritter
Dritter erwirbt den Anspruch aus diesem Vertrag gegen den Schuldner (§ 328 I BGB) ▶ Voraussetzung ist ein Vertrag zwischen **Versprechendem** und **Versprechensempfänger** ▶ **Mängel des Grundverhältnisses** kann der Versprechende dem Dritten entgegen halten	Schuldner soll zwar an den Dritten leisten, der Dritte soll aber **keinen eigenen Anspruch** haben (§ 328 II BGB)

Ob im Einzelfall ein echter oder ein unechter Vertrag zugunsten Dritter vorliegt, ist durch Vertragsauslegung zu ermitteln. Soweit keine ausdrückliche Vereinbarung getroffen wurde, sind die gesamten Umstände (vor allem der Vertragszweck) zu berücksichtigen. Ein Vertrag, durch den sich jemand gegenüber einem Schuldner verpflichtet, dessen Gläubiger zu befriedigen (Erfüllungsübernahme), ist im Zweifel ein unechter Vertrag zugunsten Dritter im Sinne von § 329 BGB. Verspricht z.B. jemand seinem Freund, dessen Bankschulden zu begleichen, so soll nach dem Willen der Parteien normalerweise die Bank nicht einen zusätzlichen Schuldner erhalten, denn der Betreffende will nur seinem Freund und nicht der Bank helfen.

Im Fall 76 dient die Vereinbarung zwischen Viktor und dem Großhändler allein dazu, die Auslieferung an Jan zu beschleunigen. Keinesfalls sollten eigene Rechte des Endkunden gegen den Großhändler begründet werden. Jan erwirbt daher keinen eigenen Anspruch gegen den Großhändler, sondern kann weiterhin nur von Viktor Lieferung des Geräts verlangen. Gläubiger des Großhändlers ist allein Viktor, der gegen diesen einen Anspruch auf Leistung an Jan hat.

Ergänzend zur allgemeinen Vertragsauslegung enthält das Gesetz in den §§ 329, 330 BGB Auslegungsregeln. So sind beispielsweise Leibrentenverträge zugunsten eines Dritten sowie die Vereinbarung einer Abfindung an Dritte in Verträgen über Vermögens- oder Gutsübernahmen nach § 330 BGB im Zweifel echte Verträge zugunsten Dritter. Der Gesetzgeber geht hier davon aus, dass bei Verträgen, die primär die Versorgung eines Dritten bezwecken, ein eigener Anspruch gegen den Versprechenden begründet werden soll.

Ein besonderer Fall des echten Vertrags zugunsten Dritter ist der Vertrag zugunsten Dritter auf den Todesfall, den § 331 BGB regelt. Bei ihm besteht die Besonderheit, dass der Dritte den Anspruch gegen den Versprechenden erst mit dem Tod des Versprechensempfängers erwirbt (Auslegungsregel in § 331 BGB). Bis zum Eintritt des Todesfalls gehören die Ansprüche aus dem Deckungsverhältnis zum Vermögen des Versprechensempfängers. Der Dritte hat nur die Chance auf einen zukünftigen Rechtserwerb. Erst mit Eintritt des Todes erwirbt er den Leistungsanspruch gegen den Versprechenden. Aus der Vorschrift ergibt sich nach überwiegender Ansicht in Literatur und Rechtsprechung zugleich, dass dem Dritten durch Vertrag zugunsten Dritter ohne Einhaltung erbrechtlicher Formvorschriften mit dem Tode des Versprechensempfängers ein schuldrechtlicher Anspruch zugewendet werden kann, und zwar auch dann, wenn im Valutaverhältnis eine Schenkung auf den Todesfall vorliegt. Das Valutaverhältnis ist hier eine Schenkung unter Lebenden, so dass § 2301 I BGB auch in dieser Beziehung nicht angewendet wird. Wenn im Fall 77 der Großonkel stirbt, kann Jan deshalb von der Bank das Geld herausverlangen.

Vertrag mit Schutzwirkung für Dritte und Drittschadensliquidation

Fall 78
Die von Jans Vermieter Vinzent ordentlich ausgesuchte und sorgfältig überwachte Putzfrau bohnert die Treppe aus Nachlässigkeit unsachgemäß, so dass Tim, der gemeinsame Sohn von Jan und Claudia, hinfällt und sich verletzt. Vertreten durch seine Eltern verlangt er vom Vermieter Schadensersatz. Wie ist die Rechtslage?

Fall 79
Jans Bruder Johann entdeckt in einer Ausstellung eine seltene Vase, die für 1000 € zum Verkauf steht. Da er befürchtet, dass der Preis erheblich steigen wird, wenn man ihn als Kunstsammler erkennt, bittet er Jan, die Vase für ihn zu kaufen. Ein befreundeter Händler hat Johann bereits vor dem Kauf seine Bereitschaft signalisiert, 2000 € für die Vase zu zahlen. Jan schließt im eigenen Namen einen Kaufvertrag. Noch vor dem Ende der Ausstellung wird die Vase jedoch durch eine Unachtsamkeit des Verkäufers zerstört. Hat Johann einen Anspruch auf Ersatz des entgangenen Gewinns?

Vom (echten) Vertrag zugunsten Dritter ist der sogenannte **Vertrag mit Schutzwirkungen für Dritte** zu unterscheiden. Diese, ebenfalls vom Grundsatz der **Relativität der Schuldverhältnisse** abweichende, Rechtsfigur vermittelt dem Dritten keinen eigenen Leistungsanspruch, sondern bezieht ihn in die **Schutzpflichten** (vgl. § 241 II BGB) des Vertrags ein. Dessen Schutzbereich wird also über den Personenkreis der Vertragspartner hinaus erweitert. Die dogmatische Herleitung des Vertrags mit Schutzwirkungen für Dritte ist umstritten und wird einerseits auf eine Vertragsauslegung nach §§ 133, 157 BGB und andererseits auf eine Rechtsfortbildung aus § 242 BGB gestützt. Für die Klausur genügt es jedoch, wenn Sie diese Rechtsfigur überhaupt kennen, da ihre Existenz heute allgemein akzeptiert ist. Die Ausdehnung des Schutzbereichs hat zur Folge, dass der Dritte bei einer Schädigung infolge einer Verletzung vertraglicher Obhuts- und Sorgfaltspflichten eigene vertragliche Schadensersatzansprüche hat. Es entsteht ein **auf Schutzpflichten beschränktes Schuldverhältnis**.

Der Vertrag mit Schutzwirkung für Dritte soll zum einen das Problem beheben, dass oftmals auch andere Personen als die Vertragspartner den

Gefahren einer Verletzung vertraglicher Sorgfaltspflichten ausgesetzt sind. Zum andern soll er den Dritten vor den Nachteilen und Schwächen des Deliktrechts schützen, das für ihn ohne vertragliche Ansprüche nur in Betracht käme. Da der Geschädigte zwar einen Schaden hat, aber eigentlich keinen eigenen Anspruch besitzt und der eigentliche Gläubiger dagegen zwar einen Anspruch hat, dafür aber nicht geschädigt wurde, „wandert" beim Vertrag mit Schutzwirkung für Dritte **der Anspruch zum Schaden**.

Da der Vertrag mit Schutzwirkung für Dritte eine ungeschriebene Ausnahme darstellt, die von der gesetzlichen Regelung abweicht, ist ein darauf gestützter Anspruch nur unter bestimmten Voraussetzungen gegeben:

Prüfschema 10: Vertrag mit Schutzwirkung für Dritte

Besteht eine Schutzwirkung für Dritte?

A. Leistungsnähe des Dritten?
Der Dritte muss bestimmungsgemäß mit der vertraglichen Hauptleistung in Berührung kommen und nach dem Inhalt des Vertrags den Leistungsgefahren in ähnlicher Weise ausgesetzt sein wie der Gläubiger selbst.

B. Gläubigernähe des Dritten?
Der Gläubiger muss aufgrund eines besonderen Näheverhältnisses ein besonderes Interesse an der Einbeziehung des Dritten in den Schutz des Vertrags haben. Nicht erforderlich ist es aber, dass der Gläubiger für Wohl und Wehe des Dritten mitverantwortlich ist.

C. Erkennbarkeit der geschützten Personen und der Drittbezogenheit?
Der Kreis der vom Schutz erfassten Personen und die Drittbezogenheit müssen für den Schuldner erkennbar sein.

D. Schutzbedürftigkeit des Dritten?
Es muss ein Bedürfnis an der Ausdehnung des Schutzes bestehen. Das ist regelmäßig der Fall, wenn der Dritte aufgrund desselben Sachverhalts keinen eigenen inhaltsgleichen Anspruch gegen denselben Schuldner hat.

Der Fall 78 ist mit dem Rechtsinstitut des Vertrags mit Schutzwirkung für Dritte zu lösen. Zwar besteht grundsätzlich auch gegen die Putzfrau selbst ein deliktischer Schadensersatzanspruch aus § 823 I BGB. Diese ist aber im Zweifel nicht so solvent wie der Vermieter und daher ein unliebsamerer Schuldner für den Geschädigten. Gegen den Vermieter hätte Tim dagegen nur einen Anspruch aus § 831 BGB. Nach dieser Vorschrift haftet derjenige, der einen Verrichtungsgehilfen einsetzt, etwa eine Putzfrau anstellt, dann nicht, wenn er diese Hilfsperson sorgfältig ausgesucht und sie mit ordentlichem Handwerkszeug ausgestattet und überwacht hat. Das ist hier der Fall, so dass § 831 BGB ausscheidet. Ansprüche aus Vertrag (i.V.m. § 278 BGB) bestehen grundsätzlich ebenfalls nicht, weil Tim nicht Vertragspartei ist. Der Vermieter bräuchte also keinen Schadensersatz zu leisten. Dieses Ergebnis wurde insbesondere in den Fällen als unbillig empfunden, in denen eine vertragliche Leistung nach dem Zweck des Vertrags auch dritten Personen zugute kommen soll, wie z.B. bei der Miete einer Familienwohnung.

Wenn Sie nun den Fall 78 anhand der oben genannten Voraussetzungen prüfen, werden Sie feststellen, dass es sich dabei um einen Vertrag mit Schutzwirkung für Dritte handelt, in den Tim als im Haushalt wohnender Familienangehöriger einbezogen ist. Er kann daher von Vinzent Schadensersatz verlangen.

Das Gegenstück zum Vertrag mit Schutzwirkung für Dritte ist die Drittschadensliquidation, bei der ebenfalls der Geschädigte und der Anspruchsinhaber auseinanderfallen. Sie wird zugelassen, wenn der Schaden aufgrund einer schuldrechtlichen Schadensverlagerung bei einem Dritten und nicht beim Inhaber des Ersatzanspruchs eintritt. Hat der Dritte, aufgrund einer im Innenverhältnis zwischen ihm und dem eigentlich Anspruchsberechtigten getroffenen vertraglichen Abrede, die Gefahrtragung übernommen, entfällt für den Inhaber der Rechtsposition der eigene Schaden. Der geschädigte Dritte besitzt hingegen keinen eigenen Anspruch gegen den Schädiger. Da die Verlagerung aber regelmäßig nur der Sonderverbindung zwischen dem nicht geschädigten Anspruchsinhaber und dem geschädigten Dritten dienen soll, darf sie den eigentlich zum Ersatz verpflichteten Schädiger nicht entlasten. Zu diesem Zweck wird der fremde Schaden des Dritten dem Anspruchsinhaber im Verhältnis zum Schädiger als eigener zugerechnet. Im Unterschied zum Vertrag mit Schutzwirkung für Dritte „wandert" also bei der Drittschadensliquidation der Schaden zum Anspruch. Das ist im Ergebnis auch billig, da der Schädiger auf diese Weise nur den Schaden ersetzen muss, der ohne die Abrede ohnehin beim Anspruchsinhaber eingetreten wäre. Eine Erweiterung seines Haftungsrisikos findet also nicht statt; der Schädiger soll nur nicht von der schadensverlagernden Abrede profitieren.

Prüfschema 11: Drittschadensliquidation

Hat der Dritte einen Anspruch?

A. Schadensersatzanspruch dem Grunde nach?

Der aus einem Schuldverhältnis berechtigte Gläubiger hat dem Grunde nach einen Schadensersatzanspruch. Bei der Prüfung des Schadensersatzanspruchs sind alle Tatbestandsvoraussetzungen der Anspruchsgrundlage mit Ausnahme des Schadens selbst erfüllt.

B. Schaden

I. Der eigentliche Anspruchsinhaber hat einen Anspruch aber keinen Schaden?

II. Der Dritte hat einen Schaden aber keinen Anspruch?

III. Zufällige Schadensverlagerung

Der Schaden wird zufällig auf einen Dritten verlagert. Anerkannt sind insoweit:

a) Schadensverlagerung durch **Obhutsverhältnisse** (Der Obhutspflichtige überträgt die eigentlich ihm obliegende Obhut über einen Gegenstand vertraglich auf eine andere Person. Beschädigt oder zerstört diese den Gegenstand, hat der Obhutspflichtige zwar vertragliche Ansprüche, aber keinen eigenen Schaden. Der Eigentümer hat dagegen zwar einen Schaden, aber keine eigenen vertraglichen Ansprüche gegen den Dritten.

b) Schadensverlagerung durch obligatorische **Gefahrentlastung** (Schaden wird durch das konkrete Schuldverhältnis auf den Dritten verlagert)

c) Schadensverlagerung durch mittelbare **Stellvertretung** (Der mittelbare Stellvertreter ist Vertragspartner und damit Anspruchsinhaber, ohne dass ihn die wirtschaftlichen Risiken des Hauptvertrags vollständig treffen. Der Geschäftsherr ist dagegen nicht Partei des Hauptvertrags; er hat aber den Schaden.

Im Fall 79 hat Jan im eigenen Namen (Inhaber des Anspruchs), aber auf Rechnung des Johann (Dritter), einen Vertrag geschlossen. Es handelte sich dabei um einen Fall der mittelbaren Stellvertretung. Diese Bezeichnung ist irreführend, da der mittelbare Stellvertreter aufgrund des Handelns im eigenen Namen gerade kein Stellvertreter im Sinne der §§ 164 ff. BGB ist. Kennzeichnend ist für die mittelbare Stellvertretung, dass die schuldrechtlichen Wirkungen des Rechtsgeschäfts nur den mittelbaren Stellvertreter, die wirtschaftlichen Risiken dagegen den Dritten als eigentlichen Geschäftsherrn treffen. Das ist hier gegeben. Jan hat als Vertragspartner des Verkäufers einen Schadensersatzanspruch. Der Schaden, in Form des entgangenen Gewinns nach § 252 BGB, trifft aber nur Johann als Dritten. Über das Institut der Drittschadensliquidation kann Jan den Schaden von Johann als eigenen ersetzt verlangen.

Leitsatz 15

Drittschadensliquidation und Vertrag mit Schutzwirkung zugunsten Dritter

- Bei der Drittschadensliquidation bleibt das **Haftungsriko** für den Schädiger **konstant**, da er nur den Schaden ersetzen muss, der ohne die Abrede mit dem Dritten beim Anspruchsinhaber ohnehin eingetreten wäre.

- Beim Vertrag mit Schutzwirkung für Dritte **erhöht** sich das **Haftungsrisiko** für den Schädiger, da er sowohl den Schaden seines Vertragspartners als auch den Schaden von in den Schutzbereich des Vertrags einbezogenen Dritten ersetzen muss.

Der Unterschied zwischen Drittschadensliquidation und Vertrag mit Schutzwirkung für Dritte kurz gefasst:

> Bei der Drittschadensliquidation wird **der Schaden zum Anspruch „gezogen"**.
> Beim Vertrag mit Schutzwirkung für Dritte wird **der Anspruch zum Schaden „gezogen"**.

Lektion 14: Auswechslung der Beteiligten

Gläubigerwechsel

Fall 80
Jan verkauft eine Forderung auf Zahlung von 500 €, die er gegen einen seiner Kunden hat, für 450 € an Jens und tritt sie an ihn ab. Später stellt sich heraus, dass die Forderung in Wirklichkeit Thomas zusteht, da Jan sie bereits vor einem Monat an ihn verkauft und abgetreten hatte, als er dringend Geld benötigte. Hat Jens die Forderung erworben? Was gilt, wenn Thomas die Abtretung billigt?

Fall 81
Jan hat Fahrradeinzelteile von der Fabrik des Viktor unter Eigentumsvorbehalt bezogen und alle Forderungen aus künftigen Verkäufen der daraus zusammengesetzten Räder bereits im Voraus an Viktor abgetreten. Als er später einen neuen Bankkredit benötigt, überträgt er unter anderem auch die genannten Forderungen an seine Bank zu deren Sicherheit. Wem stehen die Forderungen zu?

Fall 82
Im Fall 80 zahlt der Kunde Markus den Kaufpreis für ein Mountainbike ohne die Kenntnis von der Abtretung an Jan. Ist er frei geworden?

Fall 83
Im Fall 81 zahlt Markus an die Bank, da er nur von der Abtretung an diese erfahren hatte. Muss er doppelt zahlen?

Das Recht kennt drei Arten des Gläubigerwechsels, die Abtretung, den gesetzlichen Forderungsübergang (cessio legis) und die Vertragsübernahme. In den §§ 398 ff. BGB ist der rechtsgeschäftliche Forderungsübergang (Abtretung) geregelt. Die cessio legis, der gesetzliche Gläubigerwechsel, findet sich dagegen an unterschiedlichster Stelle im BGB und in anderen Gesetzen. Ein Beispiel, das Ihnen bereits bekannt ist, enthält § 426 II S. 1 BGB für die Gesamtschuld. Weitere Fälle finden Sie etwa in den §§ 268 III, 774 I, 1143, 1225 BGB; § 86 VVG und § 116 SGB X. Die Vorschriften über den rechtsgeschäftlichen Forderungsübergang finden gemäß § 412 BGB auf einen gesetzlichen Forderungsübergang entsprechende Anwendung.

Die Abtretung ist eine Verfügung, durch die ein bestehendes Recht unmittelbar übertragen wird und der regelmäßig ein Verpflichtungsvertrag als Kausalgeschäft zugrunde liegt. Dieser wird nicht selten gleichzeitig mit der Abtretung vorgenommen. Nach den Vorschriften der §§ 398 ff. BGB können grundsätzlich alle Forderungen unter Wahrung ihres Inhalts ohne Mitwirkung des Schuldners übertragen werden. Forderungen sind dadurch umlauffähige Vermögensbestandteile. Sie können vom Gläubiger in den Güteraustausch einbezogen werden und fallen sowohl wirtschaftlich als auch verfassungsrechtlich unter den weiten Eigentumsbegriff des Art. 14 GG. Derjenige, der die Forderung abtritt, wird als Zedent und derjenige, der sie erhält, wird als Zessionar bezeichnet.

Beispiel: *Der Vater schenkt seinem Sohn zum Geburtstag eine Forderung gegen einen Dritten. Die Erklärung des Vaters enthält das Angebot sowohl zum Schenkungsvertrag als auch zur Abtretung. Das „Dankeschön" des Sohnes ist nach §§ 133, 157 BGB als Annahme beider Angebote zu verstehen.*

Forderungsabtretungen, die zu einer Veränderung des Anspruchsinhalts führen würden (insbesondere höchstpersönliche Ansprüche) und solche, für die aufgrund einer Vereinbarung zwischen Gläubiger und Schuldner ein vertraglicher Abtretungsausschluss besteht, sind nach § 399 BGB ebenso unwirksam, wie nach § 400 BGB die Abtretung unpfändbarer Forderungen. Darüber hinaus findet sich im BGB eine Vielzahl spezialgesetzlicher Abtretungsverbote (z.B. § 613 S. 2 BGB für den Anspruch auf die Dienste aus einem Dienstvertrag).

Die Abtretung hat in der Wirtschaft eine erhebliche Bedeutung. So kann etwa der Käufer dem Verkäufer mit dessen Einverständnis an Stelle der Kaufpreiszahlung eine ihm zustehende Forderung abtreten. Ebenso ist der Gläubiger in der Lage, seine noch nicht fällige Forderung an einen anderen zu verkaufen und abzutreten, um sich auf diese Weise vorzeitig Barmittel zu verschaffen (Factoring). Praktisch bedeutsam sind ferner die Sicherungsabtretung und die Inkassozession.

Bei der Sicherungsabtretung lässt sich der Zessionar eine Forderung des Zedenten gegen einen Dritten abtreten, um seine eigenen Ansprüche gegenüber dem Zedenten zu sichern. Eine Verwertung der Forderung darf hier nur bei Eintritt des Sicherungsfalls, also bei Zahlungsunfähigkeit oder -unwilligkeit des Zedenten, erfolgen. Bei der Inkassozession wird die Forderung nur zur Betreibung an den Zessionar abgetreten. Der wirtschaftliche Wert verbleibt beim Zedenten, der den eingetriebenen Betrag vom Zessionar erhält. Der Zessionar bekommt für seine Tätigkeit ein Entgelt. Von der Inkassozession ist die Einziehungsermächtigung abzugrenzen. Hier bleibt die Forderung beim ursprünglichen Gläubiger. Der Dritte wird aber i.S.v. § 185 I BGB ermächtigt, die Forderung im eigenen Namen geltend zu machen.

Damit eine Abtretung wirksam ist, müssen folgende Bedingungen vorliegen:

Prüfschema 12: Wirksamkeit der Abtretung

Liegt eine wirksame Abtretung vor?

- **Wirksamer Abtretungsvertrag** nach § 398 S. 1 BGB:
  Wurde zwischen dem bisherigen (**Zedent**) und dem neuen Gläubiger (**Zessionar**) ein Vertrag geschlossen, durch den der Zedent die Forderung auf den Zessionar überträgt?

- **Besteht** die abzutretende Forderung und ist der Zedent ihr Inhaber?
  Grundsätzlich muss die abzutretende Forderung im Moment der Abtretung bestehen und der Zedent muss ihr Inhaber sein. Ausnahmsweise ist im Wege der Vorausabtretung auch die Übertragung künftiger, noch entstehender Forderungen möglich, wenn diese bereits hinreichend bestimmbar sind.
  Grundsätzlich können Forderungen nur von ihrem Inhaber wirksam übertragen werden, da es regelmäßig an einem Publizitätsmerkmal fehlt, auf das der Erwerber vertrauen darf (z.B. Besitz oder Grundbucheintrag). Das BGB kennt hiervon nur wenige Ausnahmen, wie etwa den Erwerb kraft öffentlichen Glaubens des Erbscheins nach § 2366 BGB.

- **Bestimmtheit oder Bestimmbarkeit** der abzutretenden Forderung?
  Ist die zu übertragende Forderung hinreichend bestimmt oder zumindest bestimmbar, so dass eindeutig festzustellen ist, worauf sich die Einigung zwischen Zedent und Zessionar bezieht?

- **Übertragbarkeit** der abzutretenden Forderung?
  Ist die Forderung übertragbar? Grundsätzlich sind Ansprüche zwar abtretbar, es gibt jedoch zahlreiche Ausnahmen (vertragliche und gesetzliche Abtretungsverbote, vgl. z.B. §§ 399f. BGB). Eine Besonderheit gilt, wenn die Abtretung einer Geldforderung durch Vereinbarung mit dem Schuldner gemäß § 399 BGB ausgeschlossen und das Rechtsgeschäft, das diese Forderung begründet hat, für beide Teile ein Handelsgeschäft ist. In diesem Fall ist die Abtretung nach § 354a I 1 HGB dennoch wirksam.

Zur Wirksamkeit der Abtretung ist eine Zustimmung des Schuldners **nicht** erforderlich!

In Fall 80 hat Jens die Forderung nicht erworben, da sie bereits vor der Abtretung Thomas zustand. Billigt Thomas die Abtretung jedoch, so geht seine Forderung gemäß § 185 II S. 1 BGB auf Jens über.

Im Fall 81 erwirbt Viktor nach dem Prioritätsprinzip die Forderungen und nicht die Bank, da die Abtretung an ihn zuerst erfolgte.

Im Fall 82 zahlt Markus als Schuldner in Unkenntnis der Abtretung an Jan. Zwar leistet er damit an die falsche Person. Aufgrund seiner Unkenntnis der Abtretung wird er aber über § 407 I BGB vor einer doppelten Zahlung geschützt. Da für die Abtretung keine Unterrichtung oder Mitwirkung des Schuldners erforderlich ist, schafft das BGB einen Ausgleich, indem es allen Rechtshandlungen, die der Schuldner in Unkenntnis der Abtretung gegenüber dem Zedenten vornimmt, im Verhältnis zum Zessionar Wirksamkeit verleiht. Markus ist daher von seiner Zahlungspflicht frei geworden.

Leistet Markus im Fall 83 in Kenntnis der vermeintlichen 2. Abtretung an die nicht berechtigte Bank, so wird er durch § 408 I BGB in ähnlicher Weise wie durch § 407 BGB geschützt. Bei mehrfacher Abtretung wird wegen des Prioritätsgrundsatzes der Erstzessionar neuer Gläubiger, der Zweitzessionar ist dagegen Nichtberechtigter. Er steht bei der entsprechenden Anwendung des § 407 BGB als Scheingläubiger dem Zedenten gleich. Geschützt wird in § 408 BGB wie in § 407 BGB die Unkenntnis von der wirksamen ersten Abtretung. Markus wird also durch die Zahlung an die Bank frei.

Mit Vertragsabschluss geht die Forderung auf den neuen Gläubiger so über, wie sie in der Person des alten Gläubigers bestanden hat. Deshalb bleiben auch alle Einwendungen und Einreden bestehen, die der Schuldner gegen den bisherigen Gläubiger hatte. Die Rechtsstellung des Schuldners wird daher durch die Abtretung nicht verschlechtert. Akzessorische Sicherungsrechte wie z.B. Pfandrechte und Bürgschaften sind nach der Abtretung für den bisherigen Gläubiger oftmals wertlos und gehen deshalb nach § 401 BGB kraft Gesetzes mit dem Hauptanspruch auf den neuen Gläubiger über. Bei § 401 BGB handelt es sich aber um dispositives Recht.

Übersicht 29: Auswirkungen der Abtretung auf die Forderung

▶ **Übergang der Forderung**
Ohne Mitwirkung des Schuldners können grundsätzlich alle Forderungen unter Wahrung ihrer Identität übertragen werden.

▶ **Übergang der Neben- und Vorzugsrechte**
Grundsätzlich geht die gesamte Forderung über, einschließlich der Neben- und Sicherungsrechte, vgl. § 401 BGB.

▶ **Übergang der Einwendungen und Einreden**
Bei Leistungsstörungen stehen dem **Zessionar** die Ansprüche aus §§ 280 ff. BGB zu.

Schuldnerwechsel und Schuldbeitritt

Fall 84
Michael hat bei Jan ein Rad gekauft und ist nun nicht mehr in der Lage, die Kaufpreisschuld zu begleichen. Sein Freund Thomas kommt ihm zu Hilfe und übernimmt durch Vertrag mit Jan die Schuld. Gegenüber dem anschließenden Zahlungsverlangen macht er alternativ geltend:

a) Jan habe Michael den Kaufpreis für ein halbes Jahr gestundet.

b) Er (Thomas) rechne mit einer eigenen Gegenforderung auf.

c) Er rechne mit einer Gegenforderung von Michael auf.

Mit welchen Einwendungen dringt er durch?

Durch die in den §§ 414 ff. BGB geregelte **befreiende Schuldübernahme** wird der Altschuldner von seiner Schuld befreit, indem ein neuer Schuldner an seine Stelle tritt. Die rechtsgeschäftliche Schuldübernahme ist also das Gegenstück zum rechtsgeschäftlichen Gläubigerwechsel, der Abtretung. Sie dient in erster Linie dem Altschuldner. Der zur Schuldübernahme erforderliche Vertrag ist grundsätzlich formfrei, bedarf allerdings regelmäßig zumindest der Form der zu übernehmenden Verbindlichkeit. Soweit nämlich die Formvorschriften der Warnung bzw. dem Übereilungsschutz dienen, gelten sie auch für den Übernehmer.

Beispiel: *Beim Hausbau haben beispielsweise die Handwerker die Arbeiten eingestellt, weil der Bauträger seine laufenden Zahlungsverpflichtungen nicht mehr erfüllt. Ein solventer Bauherr, der möglichst schnell einziehen will, übernimmt die Schulden des Bauträgers oder tritt der Schuld bei, damit weiter gearbeitet wird.*

Abzugrenzen ist die befreiende Schuldübernahme von folgenden Rechtsfiguren:

▶ Schuldbeitritt, bei dem der beitretende Schuldner neben den bisherigen tritt. Die Wirkung ist kein Schuldnerwechsel, sondern eine Schuldnermehrheit.

▶ Erfüllungsübernahme, bei der der Übernehmende nicht Schuldner der Forderung wird, sondern sich nur gegenüber dem Schuldner zur Befriedigung des Gläubigers verpflichtet (§ 329 BGB). Damit erhält nur der bisherige Schuldner und nicht auch der Gläubiger einen Anspruch gegen den Übernehmer.

▶ Bestellung einer Personalsicherheit, bei der der Sicherungsgeber nicht selbst zum Schuldner des Anspruchs wird, aber mit seinem persönlichen Vermögen für die Erfüllung des Anspruchs durch den Schuldner einstehen muss.

Bei der befreienden Schuldübernahme sind der Neuschuldner und der Gläubiger besonders schutzwürdig. Da der Neuschuldner mit einer

Schuld belastet wird, kann die Schuldübernahme nur mit seinem Willen geschehen. Auf der anderen Seite muss auch der Gläubiger einverstanden sein, wenn an die Stelle des bisherigen Schuldners ein anderer (vielleicht weniger solventer) Schuldner treten soll. Die befreiende Schuldübernahme bedarf daher stets der Mitwirkung des Gläubigers. Dem gegenüber ist der Altschuldner nicht schutzwürdig, da er nur von seiner Schuld befreit wird. Seine Mitwirkung ist nicht erforderlich, da das BGB in § 267 BGB sogar die mitwirkungsfreie Schuldtilgung durch einen Dritten (Nichtschuldner) vorsieht. Dieser Interessenslage trägt das Gesetz in den §§ 414 ff. BGB Rechnung.

Die befreiende (privative) Schuldübernahme kann auf zwei verschiedene Arten erfolgen:

▶ Möglich ist zum einen ein Vertrag zwischen Neuschuldner (Übernehmer) und Gläubiger nach § 414 BGB.

▶ Daneben lässt sich eine befreiende Schuldübernahme auch durch eine entsprechende Vereinbarung zwischen Altschuldner und Neuschuldner erreichen, die der Gläubiger nach § 415 BGB allerdings noch genehmigen muss.

Erst mit dieser Genehmigung erlangt die Schuldübernahme rückwirkend Wirksamkeit. Die Genehmigung kann erst erfolgen, wenn der Schuldner oder der Dritte dem Gläubiger die Schuldübernahme mitgeteilt hat. Wird sie verweigert, so gilt die Schuldübernahme als nicht erfolgt. Bis zur Genehmigung bzw. im Fall ihrer Verweigerung wirkt die Abrede zwischen Altschuldner und Übernehmer nach § 415 III S. 2 BGB als Erfüllungsübernahme.

Im Fall 84 wurde ein Schuldübernahmevertrag nach § 414 BGB geschlossen. Für die Lösung kommt es daher auf § 417 I S. 1 BGB an, nach dem der Neuschuldner dem Gläubiger nach der Schuldübernahme im gleichen Umfang schuldet wie der Altschuldner. Daher kann er ihm dessen Einwendungen entgegen halten. Das betrifft hier die Stundung. Eine Ausnahme von diesem Grundsatz besteht allerdings nach § 417 I S. 2 BGB für die Aufrechnung. Der Übernehmer kann nur mittels einer eigenen, nicht aber mit einer Forderung des Altschuldners, aufrechnen. Thomas kann daher mit seiner eigenen Gegenforderung aufrechnen, nicht hingegen mit der Forderung des Michael.

Ein bedeutender Fall der Schuldübernahme ist die gleichzeitige Veräußerung des Grundstücks, das mit einer die übernommene Schuld sichernden Hypothek belastet ist, für den § 416 BGB eine erhebliche Erleichterung vorsieht: Erklärt der Gläubiger nicht innerhalb von sechs Monaten nach Mitteilung der Schuldübernahme die Weigerung, so gilt die Genehmigung als erteilt. Ist zur Sicherung einer Forderung des Gläubigers gegen den Schuldner an dessen Grundstück eine Hypothek bestellt worden und übereignet der Schuldner das Grundstück an den Erwerber, so wird dieser mit dem Eigentumserwerb auch (dinglicher) Schuldner der Hypothek, während der Veräußerer (persönlicher) Schuldner der Forderung bleibt. Ziel von Veräußerer und Erwerber wird es häufig sein, dass der Erwerber anstelle des Veräußerers auch persönlicher Schuldner der Forderung wird, insbesondere dann, wenn er die Schuld in Anrechnung auf den Kaufpreis übernommen hat. Das kann nach § 414 BGB oder § 415 BGB geschehen, wenn nicht auf die Erleichterungen des § 416 BGB zurückgegriffen wird. Weil der Gläubiger bei diesem Schuldnerwechsel weniger schutzwürdig ist als in anderen Fällen – schließlich ist er durch die Hypothek gesichert – genügt es für die Schuldübernahme, dass er nach Mitteilung des Veräußerers innerhalb von sechs Monaten dazu schweigt. Hier ist also – in Abweichung von § 415 BGB – bloßes Schweigen als Genehmigung zu werten. Die Vorschrift ist wegen der Gleichheit der Interessenlagen auch auf die Sicherungsgrundschuld anwendbar.

Vertragsübernahme

Fall 85

Jan möchte sein Radsportgeschäft erweitern und schließt dazu mit seinem ehemaligen Konkurrenten Sasha und dessen Zulieferer einen Übernahmevertrag, in dem Jan in den Liefervertrag anstelle von Sasha eintritt. Später verweigert Jan die Erfüllung einer aus diesem Liefervertrag stammenden Zahlungspflicht, weil er wegen eines Sachmangels wirksam zurückgetreten ist. Zu Recht?

Es ist regelmäßig möglich, dass die Partei eines Schuldverhältnisses Rechte an einen Dritten abtritt und dieser zugleich auch die Schuld dieser Partei übernimmt. Mit der Übertragung einzelner Rechte und der Übernahme einzelner Schulden ist der Dritte aber noch nicht Partei des gesamten Vertrags geworden. Für einen solchen Parteiwechsel im gesamten Schuldverhältnis (Vertragsübernahme) besteht vor allem bei

Dauerschuldverhältnissen ein Bedürfnis. Die Vertragsübernahme durch Rechtsgeschäft ist nicht im BGB geregelt, ihre Zulässigkeit lässt sich aber mit der Vertragsfreiheit begründen. Sie verbindet Schuldübernahme und Abtretung miteinander und geht hinsichtlich ihrer Wirkungen darüber hinaus. Daher ist das Einverständnis aller Beteiligten erforderlich. Die Vertragsübernahme kann sowohl durch einen dreiseitigen als auch durch einen zweiseitigen Vertrag analog § 415 BGB zwischen dem Ausscheidenden und dem Übernehmer mit Genehmigung des verbleibenden Vertragspartners bzw. durch Vertrag zwischen den ursprünglichen Vertragsparteien mit Einwilligung des Übernehmers erfolgen.

Der Übernehmer rückt grundsätzlich vollständig in die vertragliche Stellung des ehemaligen Vertragspartners ein, so dass Forderungen und Pflichten, aber auch andere Rechtspositionen – wie z.B. Gestaltungsrechte – auf ihn übergehen. Ausgenommen sind davon nur solche Rechtspositionen, die ihren Zweck nach der Übertragung nicht mehr erfüllen und somit einer höchstpersönlichen Bindung unterliegen.

Neben der rechtsgeschäftlichen Vertragsübernahme kennt das BGB auch den gesetzlichen Vertragsübergang. Geregelt ist dieser etwa in § 566 I BGB für den Erwerber von vermietetem Wohnraum, der an die Stelle des ursprünglichen Vermieters tritt und in § 613a I BGB für den Betriebsübergang.

Im Fall 85 hat Jan die vertragliche Stellung von Sasha aus dessen Liefervertrag vollständig übernommen. Aus diesem Grund kann er die Gewährleistungsrechte aus § 437 BGB geltend machen und somit auch vom Vertrag zurücktreten.

V. Beendigung von Schuldverhältnissen bzw. Leistungspflichten

Lektion 15: Beendigung ohne Leistung durch Vertrag

Fall 86
Bjarne hat im vergangenen Jahr in Jans Radsportgeschäft ein neues Rennrad zum Preis von 1.500 € erworben. Der Kaufpreis sollte in 15 Monatsraten zu je 100 € beglichen werden. Als Bjarne Geburtstag hat, möchte ihm Jan etwas schenken. Er schreibt ihm eine Geburtstagskarte mit den besten Wünschen und teilt mit, dass die noch offenen letzten zwei Raten nicht gezahlt werden müssen. Als Bjarne die Karten erhält, ist er überglücklich und bedankt sich sogleich telefonisch bei Jan. Sind die Schulden tatsächlich erloschen?

Fall 87
Was wäre, wenn Bjarne die gute Nachricht zwar sofort seiner Freundin mitteilt, Jan aber telefonisch nicht zu erreichen ist?

Fall 88
In der vergangenen Saison hat Henry bei seinem Freund Jan einen Fahrradschlauch für 15 € gekauft, den Kaufpreis aber nicht sofort beglichen. Dieser sollte eine Woche später fällig sein. Nachdem nunmehr fast ein Jahr ohne Zahlung vergangen ist, sind sich die beiden Freunde zwar noch sicher, dass sie einen Kaufvertrag geschlossen haben. Welcher Preis damals vereinbart wurde, wissen sie aber nicht mehr. Sie sind sich auch darüber einig, dass letztlich beide Schuld an der langen Verzögerung tragen. Henry habe zwar nie gezahlt, dafür habe Jan seinen Freund aber auch nie ernsthaft an die Schulden erinnert. Sie einigen sich deshalb darauf, dass die alte Forderung unerheblich sei und Henry Jan ab heute 15 € schuldet. Was ist in rechtlicher Hinsicht geschehen?

Fall 89
Rechtsanwalt Rastlos hat seinen Gepäckträger zur Reparatur zu Jan gebracht. Gleich nach der Abholung belädt er diesen mit seinem viel zu schweren Aktenkoffer und radelt zum nächsten Gerichtstermin. Bereits nach der ersten Kurve reißt es den Gepäckträger wieder aus der

Verankerung und der Rucksack stürzt zu Boden. Bei dem Missgeschick wird das Notebook von Rastlos beschädigt, das sich in dem Aktenkoffer befand. Der Schaden beträgt 200 €. Weder Jan noch Rastlos sind sich sicher, was die Ursache des Unfalls war. Dieser könnte entweder auf die etwas oberflächlich erfolgte Montage des Gepäckträgers durch Jan zurückzuführen sein oder an der extremen Überladung durch Rastlos gelegen haben. Möglich wäre es zudem, dass beides zusammen ursächlich war. Nachdem beide einige Zeit über diese Frage diskutiert haben, einigen sie sich darauf, dass Jan zur Abgeltung aller Ansprüche sofort 100 € an Rastlos zahlt. Kann Rastlos am nächsten Tag weitere 100 € Schadensersatz verlangen?

Fall 90

Ist die in Fall 89 geschlossene Vereinbarung wirksam, wenn sich nachträglich herausstellt, dass ein Anspruch auf 200 € tatsächlich bestand? Was gilt, wenn das Fahrrad in Wirklichkeit nicht bei Jan, sondern bei John zur Reparatur war und Jan und Rastlos sich darüber geirrt haben.

In den Lektionen 7 f. habe Sie sich die Schuldtilgung durch Erfüllung oder Erfüllungssurrogat näher angeschaut. Sie haben gesehen, dass in jedem der dort erläuterten Fälle eine Leistungshandlung des Schuldners erforderlich gewesen ist. Um beispielsweise die Erfüllungswirkung nach § 362 I BGB herbeizuführen, musste die geschuldete Leistung an den Gläubiger bewirkt werden. Wollte der Schuldner die Schuld durch eine Leistung an Erfüllungs statt nach § 364 I BGB zum Erlöschen bringen, musste er eine andere als die geschuldete Leistung mit Tilgungswillen erbringen. Ähnliches galt auch für die Hinterlegung, denn bei dieser war der geschuldete Gegenstand oder dessen Surrogat (Erlös aus Verkauf oder Versteigerung) unter Verzicht auf das Rückforderungsrecht zu hinterlegen.

Im Folgenden werden Sie nun noch einige Möglichkeiten kennenlernen, um die (ursprüngliche) Schuld auch ohne Leistung erlöschen zu lassen.

a) Erlassvertrag

Die erste Variante ist die in Fall 86 gewählte Vereinbarung eines Erlassvertrags mit dem Gläubiger. Der in § 397 I BGB geregelte Erlass ist eine besondere Form des Rechtsverzichts, der nur unter Mitwirkung des Schuldners möglich ist. Sie erinnern sich bestimmt an den Vertrag zugunsten Dritter und das Zurückweisungsrecht nach § 333 BGB: So wie dem Gläubiger keine Forderung aufgedrängt werden kann, kann sie dem Schuldner auch nicht ohne dessen Willen erlassen werden.

Niemand muss sich ohne seinen Willen etwas schenken lassen!

Genau dieser Umstand könnte Bjarne im Fall 87 zum Verhängnis werden. Zwar informierte er sofort seine Freundin, seinem Gläubiger Jan hat er aber nicht mitgeteilt, dass er das Angebot auf Abschluss eines Erlassvertrags annimmt. Den Erlass allerdings allein daran scheitern zu lassen, würde dem allgemeinen – und sicher auch Ihrem – Rechtsempfinden widersprechen. Gerade bei solchen Angeboten ist nämlich regelmäßig damit zu rechnen, dass der andere das Angebot annehmen wird. Diesem Umstand hat der Gesetzgeber in § 151 S. 1 BGB Rechnung getragen. Danach kommt ein Vertrag durch die Annahme des Antrags zustande, ohne dass die Annahme dem Antragenden gegenüber erklärt zu werden braucht, wenn eine solche Erklärung nach der Verkehrssitte nicht zu erwarten ist oder der Antragende auf sie verzichtet hat.

Achtung: Nur der Zugang der Erklärung, nicht aber die Annahme selbst ist entbehrlich!

Durch die Mitteilung gegenüber seiner Freundin hat Bjarne im Fall 87 konkludent die Annahme erklärt. Ein Zugang ist wegen § 151 S. 1 BGB in Abweichung von § 130 I S. 1 BGB entbehrlich.

b) negative Schuldanerkenntnis

Die gleiche Wirkung wie der Erlassvertrag hat das negative Schuldanerkenntnis nach § 397 II BGB. Bei diesem erklärt der Gläubiger durch Vertrag mit dem Schuldner, dass die Schuld nicht besteht.

c) pactum de non petendo

Abzugrenzen vom Erlassvertrag ist das nicht gesetzlich geregelte, aber trotzdem als zulässig anerkannte pactum de non petendo. Bei diesem handelt es sich um eine verbindliche Abrede zwischen Gläubiger und Schuldner, die zwar die Schuld nicht erlöschen lässt, durch die der Gläubiger aber verspricht, die Forderung nicht geltend zu machen. Der Schuldner erhält auf diese Weise eine dauernde Einrede, die der

Forderung ihre Durchsetzbarkeit nimmt. Es entsteht eine vertraglich begründete Schuld ohne Haftung.

d) Aufhebungsvertrag

Eine weitere Möglichkeit des Schuldners, um den Anspruch des Gläubigers ohne Leistung erlöschen zu lassen, ist der Abschluss eines Aufhebungsvertrags. Dieser ist zwar ebenfalls nicht speziell im BGB geregelt, aber seine Zulässigkeit ergibt sich unmittelbar aus der Vertragsfreiheit und zudem aus § 311 I BGB. Das Erlöschen eines Anspruchs ist eine Veränderung des Schuldverhältnisses im weiteren Sinne. Ob die Wirkung der Aufhebung rückwirkend (ex tunc) oder erst ab dem Moment des Vertragsschlusses (ex nunc) eintreten soll, hängt von der Vereinbarung ab.

e) Änderungsvertrag

Wollen die Parteien den Anspruch nicht vollständig erlöschen lassen, sondern nur verringern (auch erhöhen) oder dem Inhalt nach verändern, können sie dazu einen Änderungsvertrag schließen. Bei diesem bleibt die Forderung mit verändertem Inhalt bestehen, so dass auch Sicherheiten wie etwa eine Bürgschaft erhalten bleiben.

f) Novation

Eng mit dem Aufhebungsvertrag verwandt ist die Novation. Bei dieser ist die Aufhebung des alten Schuldverhältnisses mit der Begründung eines neuen Schuldverhältnisses verbunden. Insoweit wird auch von Schuldersetzung gesprochen. Die neu zu begründende Forderung kann mit der Altforderung inhaltlich identisch sein, aber auch davon abweichen. Ihren ursprünglichen Zweck hatte die bereits dem römischen Recht bekannte Figur als Abtretungssurrogat. Statt die Forderung direkt auf einen Dritten zu übertragen, ließen sie die Parteien erlöschen und begründeten sie zugunsten eines Dritten neu. Da die Abtretung nach dem BGB zulässig ist, hat die Novation ihr Hauptanwendungsfeld heute verloren. Sie dient daher vorwiegend der Klarstellung bei Unsicherheit über das Bestehen und den Inhalt einer Forderung. Die Parteien können wie in Fall 88 die alte, unsichere Forderung erlöschen und eine neue, sichere entstehen lassen.

Das große Problem besteht bei der Novation darin, dass mit dem Erlöschen der Ausgangsforderung auch die dafür bestellten Sicherheiten erlöschen. Wird also eine inhaltlich nicht identische Forderung begründet, ist im Zweifel vom Vorliegen eines Änderungsvertrags auszugehen.

g) Vergleich

Die letzte Möglichkeit, um eine Schuld durch Vertrag (auch teilweise) zum Erlöschen zu bringen, ist der in § 779 BGB (lesen!) geregelte Vergleich. Bei diesem handelt es sich um einen schuldrechtlichen Vertrag, durch den die Parteien im Wege des gegenseitigen Nachgebens einen Streit oder eine Ungewissheit über ein Rechtsverhältnis beseitigen. Die ursprünglich bestehende Rechtslage wird unmittelbar durch den Vergleich abgeändert. Schuldete also Jan im Fall 89 tatsächlich 200 €, wurde dieser Anspruch durch den Vergleich auf 100 € reduziert. Die Frage, wie hoch die Schuld tatsächlich war, ist dabei für die Wirksamkeit des Vergleichs unerheblich, da die Parteien die Unsicherheit gerade abschließend aus der Welt schaffen wollten.

Sollen aufgrund des Vergleichs Verfügungen über dingliche Rechte (z.B. Eigentum) oder Forderungen gegen Dritte vorgenommen werden, bedürfen diese noch des Vollzugs. Dieser findet zwar zumeist konkludent und zeitgleich mit dem Vergleichsschluss statt, stellt aber einen selbständigen Vertrag dar, der auf dem Vergleich als Kausalgeschäft beruht.

Das gegenseitige Nachgeben erfordert, dass jede der Parteien ein Stück von ihrem Standpunkt abrückt. Eine zwischen Rastlos und Jan geschlossene Vereinbarung, nach der sie sich darauf einigen, dass Jan die Alleinverantwortung trägt, wäre daher kein Vergleich, sondern allenfalls ein Anerkenntnis, das nach § 780 BGB der Schriftform bedürfte.

Neben der Legaldefinition des Vergleichs enthält § 779 BGB einen eigenen Unwirksamkeitsgrund:

> Er ist unwirksam, wenn der nach dem Inhalt des Vertrags als feststehend zugrundegelegte Sachverhalt der Wirklichkeit nicht

entspricht und der Streit oder die Ungewissheit bei Kenntnis der Sachlage nicht entstanden sein würde.

Damit ist die sogenannte Vergleichsbasis gemeint. Diese ist im Fall 90 betroffen, da das Rad in Wirklichkeit bei John repariert wurde. Streitig war allein der Umfang des Anspruchs und nicht die Gläubiger-Schuldner-Stellung selbst. Da Jan aber in Wirklichkeit überhaupt nicht beteiligt war, verliert der Vergleich nach § 779 BGB seine Wirksamkeit. Anderes gilt für den Vergleichsgegenstand, also den Gegenstand der Einigung selbst. In diesem Punkt wollten die Parteien eine Einigung und damit Rechtsfrieden herbeiführen, so dass ein erneuter Streit darüber nicht zugelassen wird. Der Vergleich bleibt wirksam. Auch eine auf den Gegenstand des Streits oder der Ungewissheit bezogene Irrtumsanfechtung ist aufgrund der Bindungswirkung des Vergleichs unzulässig.

Lektion 16: Beendigung durch einseitige Gestaltungserklärung

Fall 91
Jans Ehefrau Claudia hat sich ebenfalls selbständig gemacht und betreibt eine kleine Bäckerei. Da sie sich keine eigene angestellte Reinigungskraft leisten kann, beauftragt sie die Blitzeblank-GmbH mit der Säuberung ihrer Räumlichkeiten. Nach einigen Wochen muss sie feststellen, dass deren Angestellte wiederholt nicht nur den Schmutz, sondern stets auch ein paar Pfannkuchen weggeputzt habe. Kann sie den Vertrag mit der Blitzeblank-GmbH sofort kündigen?

Fall 92
Jan tauscht am 01.03. seinen inzwischen erheblich gealterten Kleinbus gegen den Lkw vom stets etwas schusseligen Viktor. Beide wollen die Fahrzeuge zunächst ordentlich testen und behalten sich daher vertraglich den Rücktritt innerhalb eines Monats vor. Jan tritt nach 14 Tagen vom Vertrag zurück. Inzwischen ist jedoch sein Kleinbus beschädigt worden, da Viktor aufgrund leichter Nachlässigkeit den Lack beim Einparken zerkratzt hat. Was kann Jan verlangen?

Fall 93
Ein Weinhändler zieht mit Weinflaschen in einem Musterkoffer von Haus zu Haus und veranstaltet im Haus von Jans Mutter Hannelore eine Weinprobe. Diese kauft prompt 24 Flaschen des Weins. Als die Rechnung kommt, möchte sie nicht bezahlen, obwohl sie bereits die Hälfte der Flaschen zusammen mit ihrem Mann ausgetrunken hat. Wie ist die Rechtslage?

Unberührt vom Grundsatz pacta sunt servanda kann den Parteien, entweder aufgrund des Vertrags oder aufgrund einer gesetzlichen Regelung (etwa auch aufgrund von § 313 III BGB), das Recht zustehen, das Schuldverhältnis einseitig zu beenden.

Kündigung

Eines dieser Rechte ist die Kündigung, ein Gestaltungsrecht, dessen Ausübung das Schuldverhältnis als Ganzes mit Wirkung für die Zukunft erlöschen lässt. Die Kündigung findet ihre primäre Grundlage in § 314 BGB und setzt eine einseitige empfangsbedürftige Willenserklärung voraus. Sie ist jederzeit aus wichtigem Grund ohne Einhaltung einer Kündigungsfrist möglich. Besteht der wichtige Grund in der Verletzung einer vertraglichen Pflicht, ist die Kündigung nach § 314 II S. 1 BGB erst nach erfolglosem Ablauf einer zur Abhilfe bestimmten Frist oder nach einer erfolglosen Abmahnung zulässig. Ihre Wirkung kann sofort (fristlose Kündigung) oder erst nach Ablauf eines bestimmten Zeitraums eintreten (befristete Kündigung). Das Kündigungsrecht kommt aufgrund seiner *ex nunc* eintretenden Wirkung vor allem bei Dauerschuldverhältnissen vor (Miete, Pacht, Darlehen, Reisevertrag, Arbeitsvertrag, Dienst- und Gesellschaftsvertrag). Bei diesen wurden Leistungen über einen längeren Zeitraum ausgetauscht, so dass eine Rückabwicklung ungeeignet ist, um das Rechtsverhältnis alsbald vollständig zu beenden.

Neben den allgemeinen Regeln enthält das BGB in den Abschnitten zu den einzelnen Dauerschuldverhältnissen besondere Kündigungsvorschriften, die § 314 BGB als *lex specialis* überlagern. Soweit dort eine gesonderte Regelung für einzelne Fragen des Kündigungsrechts fehlt, gilt § 314 BGB aber zumindest ergänzend.

Zu Fall 91: Claudia kann, gestützt auf den wichtigen Grund „Diebstahl", hinsichtlich des Reinigungsvertrags die Kündigung erklären. Ob diese wirksam ist, hängt insbesondere von der Frage ab, ob eine vorherige Abmahnung bzw. Fristsetzung nach § 314 II BGB erforderlich ist. Sowohl Fristsetzung als auch Abmahnung dienen der Warnung des anderen Teils und haben zugleich Ankündigungsfunktion. Dem Vertragspartner sollen die möglichen Folgen seines Verhaltens verdeutlicht werden und er soll die Chance erhalten, zu einem vertragsgerechten Verhalten zurückzukehren. Eine Fristsetzung kommt nur in Betracht, wenn die Pflichtverletzung noch andauert und daher behoben werden kann. Regelmäßig ist das bei der Verletzung von nachholbaren Leistungspflichten der Fall. Ist die Pflichtverletzung hingegen – wie etwa regelmäßig bei der Verletzung von Schutzpflichten – bereits abgeschlossen, kommt nur eine Abmahnung in Frage. Ob im Fall 91 eine Abmahnung erforderlich war, hängt davon ab, ob eine Verletzung von vertraglichen Pflichten i.S.v. § 341 II S. 1 BGB vorlag. Das ist bei einem Diebstahl während der Vertragserfüllung gegeben. Allerdings ist die Abmahnung vorliegend nach §§ 314 II S. 3 BGB entbehrlich, da durch die Pflichtverletzung eine irreparable Störung des Vertrauens entstanden ist, die auch durch eine Abmahnung nicht beseitigt werden könnte. Die sofortige Kündigung wäre also wirksam.

Rücktritt

Eine weitere Möglichkeit zur Beendigung des Schuldverhältnisses im weiteren Sinne durch einseitige Willenserklärung ist der Rücktritt, dessen zentrale Norm der § 323 BGB ist. Der Rücktritt führt nach § 346 I BGB zu einer ex nunc eintretenden Umwandlung des Schuldverhältnisses in ein Rückgewährschuldverhältnis. Das bedeutet, das alte Schuldverhältnis bleibt unter Umkehr der Leistungspflichten bestehen. Primärleistungspflichten aus dem Vertrag gehen unter. Wurden schon Leistungen in Hinblick auf das Schuldverhältnis erbracht, sind diese der Gegenseite zurückzugewähren. Diese besondere Rechtsfolge des Rücktritts führt dazu, dass eine Anwendung von § 812 BGB gesperrt ist. Es liegt aufgrund des fortbestehenden, aber umgewandelten Schuldverhältnisses kein Fall des fehlenden Rechtsgrunds, wie Sie ihn etwa von der Anfechtung kennen, vor. Auch hier können Sie also einen häufigen Klausurfehler vermeiden, indem Sie sich folgenden Grundsatz merken:

> Bei einem Rücktritt wird das Schuldverhältnis nie über § 812 BGB, sondern **immer über § 346 BGB** rückabgewickelt!

Das Rücktrittsrecht – ebenfalls ein Gestaltungsrecht – kann sich sowohl unmittelbar aus dem Vertrag als auch aus dem Gesetz ergeben. Bei der Vereinbarung eines vertraglichen Rücktrittsrechts ist § 308 Nr. 3 BGB zu beachten. Danach ist in Allgemeinen Geschäftsbedingungen gegenüber Verbrauchern (§ 310 I u. III Nr. 2 BGB) eine Vereinbarung unzulässig, durch die sich der Verwender der AGB ohne sachlich gerechtfertigten und im Vertrag angegebenen Grund ein Rücktrittsrecht vorbehält. Eine Ausnahme davon gilt nur für Dauerschuldverhältnisse. Das BGB enthält eine Vielzahl von gesetzlichen Rücktrittsrechten.

Im Allgemeinen Teil des Schuldrechts finden Sie Rücktrittsrechte in den folgenden Vorschriften:

Beendigung von Schuldverhältnissen bzw. Leistungspflichten

- § 313 III S. 1 BGB (Rücktritt bei Störung der Geschäftsgrundlage)
- § 323 BGB (Rücktritt wegen nicht oder nicht vertragsgemäß erbrachter Leistung)
- § 324 BGB (Rücktritt wegen Verletzung einer Pflicht nach § 241 II)
- § 326 V BGB (Rücktritt bei Unmöglichkeit)

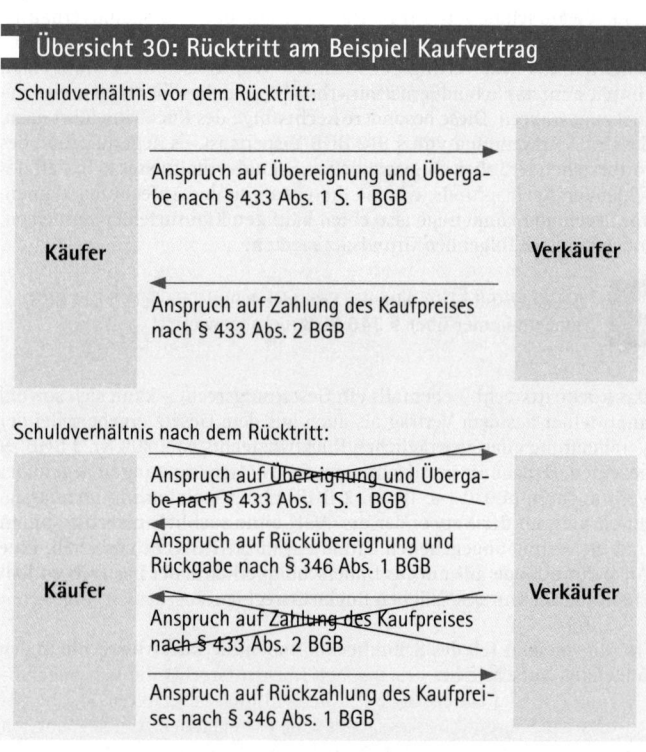

Ausgeübt wird der Rücktritt nach § 349 BGB durch die Rücktrittserklärung. Dabei handelt es sich um eine empfangsbedürftige, bedingungs- und befristungsfeindliche Willenserklärung, gegenüber dem jeweiligen Vertragspartner. Der Zurücktretende muss eine eventuell vereinbarte vertragliche Ausschlussfrist einhalten. Im Fall 92 erklärte Jan fristgemäß seinen Rücktritt gegenüber Viktor. Der Umstand, dass der Bus inzwischen beschädigt wurde, ist für das Rücktrittsrecht unerheblich. Es gelten daher die Rechtsfolgen von §§ 346 ff. BGB (lesen!).

Neben Rückgewähransprüchen begründet der § 346 BGB in seinem II S. 1 in folgenden Fällen Wertersatzansprüche:

1. Die Rückgewähr oder die Herausgabe ist nach der Natur des Erlangten ausgeschlossen (typischerweise bei unkörperlichen Leistungen).

2. Der Rückgabeschuldner hat den empfangenen Gegenstand verbraucht, veräußert, belastet, verarbeitet oder umgestaltet.

3. Der empfangene Gegenstand hat sich verschlechtert oder ist untergegangen. Dabei bleibt jedoch die durch die bestimmungsgemäße Ingebrauchnahme entstandene Verschlechterung außer Betracht (z.B. der allein durch Erstzulassung eines Pkw eintretende Wertverlust)

Bei der Wertersatzberechnung ist § 346 II S. 2 BGB zu beachten!

Diese Pflicht zum Wertersatz entfällt allerdings:

1. Wenn sich der zum Rücktritt berechtigende Mangel erst während der Verarbeitung oder Umgestaltung des Gegenstandes gezeigt hat.

2. Soweit der Gläubiger die Verschlechterung oder den Untergang zu vertreten hat oder der Schaden bei ihm gleichfalls eingetreten wäre (z.B. bei Hagel über der gesamten Stadt, so dass der Lack eines PKW bei Schuldner und Gläubiger ohne Garage gleichermaßen eingetreten wäre).

3. Wenn im Falle eines gesetzlichen Rücktrittsrechts die Verschlechterung oder der Untergang beim Berechtigten eingetreten ist, obwohl dieser die Sorgfalt beobachtet hat, die er in eigenen Angelegenheiten anzuwenden pflegt (diligentia quam in suis nach § 277 BGB).

Im Fall 92 hat sich der Kleinbus aufgrund der Lackkratzer erheblich verschlechtert, so dass nach § 346 I S. 1 Nr. 1 BGB Wertersatz zu leisten ist. Dieser Anspruch ist auch nicht nach § 346 III Nr. 3 BGB (lesen!) entfallen. Zwar hat Viktor die eigenübliche Sorgfalt gewahrt. Jan beruft sich aber nicht auf ein gesetzliches, sondern auf ein vertragliches Rücktrittsrecht, für das die eigenübliche Sorgfalt im Rahmen der Rückabwicklung unbeachtlich ist.

Beim Rücktritt sind nach § 346 I BGB die gezogenen Nutzungen herauszugeben. Ist das nicht möglich, so besteht nach § 346 II u. III BGB ebenfalls eine Wertersatzpflicht. Gemäß § 348 BGB sind die sich aus §§ 346 ff. BGB ergebenden Pflichten Zug um Zug zu erfüllen. Jan kann also im Fall 92 seinen Kleinbus und den Wertersatz nur Zug um Zug gegen Rückgabe des LKW verlangen.

Tritt der Gläubiger gemäß § 323 BGB aufgrund einer Leistungsstörung zurück, schließt das seine Möglichkeit, Schadensersatz zu verlangen, gemäß § 325 BGB nicht aus.

Übersicht 31: Folgen des Rücktritts

▶ **Untergang** der Primäransprüche, die noch nicht erfüllt wurden.

▶ **Anspruch auf Rückgewähr** schon erbrachter Leistungen und Herausgabe gezogener Nutzungen, § 346 I BGB.

▶ **Wertersatz**, wenn die erbrachte Leistung nicht zurückgewährt werden kann oder gezogene Nutzungen nicht herausgegeben werden können, § 346 I u. II BGB.

▶ **Schadensersatz** wegen Pflichtverletzung, § 346 IV BGB.

▶ **Ersatz für Nutzungen,** die entgegen den Regeln einer ordnungsmäßigen Wirtschaft nicht gezogen wurden, § 347 I BGB. Entgegen der ungenauen amtlichen Überschrift erfasst § 347 BGB Nutzungen und Verwendungen bereits vom Empfang des Leistungsgegenstands an.

▶ **Verwendungsersatzpflicht** des Rückgabegläubigers, § 347 II BGB.

Leitsatz 16

Pacta sunt servanda und einseitige Auflösungsrechte

Grundsätzlich gilt: **Pacta sunt servanda** (Verträge sind einzuhalten). Den Parteien kann allerdings entweder ein einseitiges, gesetzliches Auflösungsrecht zustehen, oder sie können eine solches vertraglich vereinbaren. Innerhalb möglicher Auflösungsrechte ist danach zu unterscheiden, ob die Wirkung nur für die **Zukunft** (ex nunc) oder auch für die **Vergangenheit** gelten soll (ex tunc).

Widerruf

In den §§ 355 ff. BGB ist das Widerrufsrecht des Verbrauchers geregelt. Zwar ist das Verbraucherschutzrecht selbst, trotz seiner Stellung im 2. Buch des BGB, systematisch dem Allgemeinen Teil zuzuordnen. Die Rechtsfolgen des Verbraucherwiderrufs sind aber klassisches Schuldrecht und daher in diesem Buch anzusprechen.

Der Begriff des Widerrufs wird im BGB uneinheitlich verwendet. So wird nach § 130 I S. 2 BGB eine Willenserklärung nicht wirksam, wenn dem Empfänger zugleich mit ihr oder davor ein Widerruf zugeht. Der Widerruf verhindert in dieser Konstellation bereits das Wirksamwerden der Willenserklärung, so dass ein Schuldverhältnis überhaupt nicht entsteht. Daneben enthält auch der § 183 BGB eine Regel zum Widerruf, nach der die vorherige Zustimmung zu einem Rechtsgeschäft (Einwilligung) regelmäßig bis zur Vornahme des Rechtsgeschäfts widerruflich ist. Im Besonderen Teil des Schuldrechts finden sich zudem weitere, besondere Widerrufsrechte (§§ 530, 658, 671 I, 790 BGB), die aber auf die jeweiligen Vertragstypen beschränkt sind. Mehr hierzu in Schuldrecht BT – *leicht gemacht*®.

Das Verbraucherwiderrufsrecht, das – wie der Rücktritt – ein Gestaltungsrecht ist und ebenfalls zur Umwandlung in ein Rückgewährschuldverhältnis führt, enthält das BGB an den folgenden Stellen:

- ▶ § 312 BGB
  (Außerhalb von Geschäftsräumen geschlossener Vertrag)

- ▶ § 312d BGB (Fernabsatzvertrag)

- § 485 BGB (Teilzeit-Wohnrechtevertrag)

- § 495 BGB (Verbraucherdarlehensvertrag)

- § 510 BGB (Ratenlieferungsvertrag)

- § 514 BGB (Unentgeltlicher Darlehensvertrag)

Das Bestehen eines Verbraucherwiderrufsrechts knüpft zum einen an die Verbrauchereigenschaft (§ 13 BGB) des Widerrufenden und darüber hinaus entweder an eine besondere Vertriebsform (z.B. Fernabsatzvertrag) oder an einen speziellen Vertragsgegenstand (z.B. Verbraucherdarlehensvertrag) an. Die Rechtsfolgen des Widerrufs richten sich nach den §§ 355 ff. BGB

Im Fall 93 ist Hannelore Verbraucher (§ 13 BGB) und der Weinhändler Unternehmer (§ 14 BGB). Der Kaufvertrag über die Weinflaschen wurde in der Privatwohnung von Hannelore geschlossen, so dass ein außerhalb von Geschäftsräumen abgeschlossener Vertrag i.S.v. § 312b BGB vorlag. Hannelore steht daher nach § 312g BGB ein Widerrufsrecht zu, dass auch nicht durch andere, vorrangige Verbraucherwiderrufsrechte ausgeschlossen ist. Solange Hannelore die 14tägige Widerrufsfrist des § 355 II BGB einhält, die nur läuft, wenn eine ordnungsgemäße Belehrung durch den Unternehmer erfolgt, kann sie den Vertrag noch widerrufen. Der Widerruf muss keine Begründung enthalten und ist innerhalb der Widerrufsfrist gegenüber dem Unternehmer zu erklären. Zur Fristwahrung genügt die rechtzeitige Absendung. Nach § 355 III S. 1 BGB müsste Hannelore die erhaltenen Flaschen zurückgeben. Da ihr das nicht möglich ist, muss sie insoweit nach den Voraussetzungen des § 357 VII BGB Wertersatz leisten

Problematisch wird die Rückabwicklung, wenn mehrere Geschäfte in einem engen wirtschaftlichen Zusammenhang stehen. Hier wäre dem Verbraucher oftmals nicht geholfen, wenn er zwar einen der Verträge widerrufen könnte, an den anderen aber weiterhin gebunden wäre. Denken Sie beispielsweise an denjenigen, der sich ein Auto kauft und dazu einen Kredit bei der Bank aufnimmt. Was würde ihm der Widerruf des Verbraucherdarlehensvertrags bringen, wenn er weiterhin an den Kaufvertrag gebunden wäre? Das BGB löst dieses Problem über die §§ 358 bis 360 BGB mit der Figur der verbundenen oder zusammenhängenden Verträge.

Wann ein verbundenes Geschäft vorliegt, regelt § 358 III BGB:

> Ein Vertrag über die Lieferung einer Ware oder die Erbringung einer anderen Leistung und ein Darlehensvertrag sind verbunden, wenn das Darlehen ganz oder teilweise der Finanzierung des anderen Vertrags dient und beide Verträge eine wirtschaftliche Einheit bilden.

Eine wirtschaftliche Einheit ist insbesondere anzunehmen, wenn der Unternehmer selbst die Gegenleistung des Verbrauchers finanziert, oder im Falle der Finanzierung durch einen Dritten, wenn sich der Darlehensgeber bei der Vorbereitung oder dem Abschluss des Verbraucherdarlehensvertrags der Mitwirkung des Unternehmers bedient. In diesen Fällen ist er nach § 358 I u. II BGB bei einem Widerruf eines der beiden Geschäfte auch an das andere nicht mehr gebunden. § 360 BGB erweitert diese Wirkung zusätzlich auf solche Verträge, die einen Bezug zu dem widerrufenen Vertrag aufweisen und eine Leistung betreffen, die von dem Unternehmer des widerrufenen Vertrags oder einem Dritten auf der Grundlage einer Vereinbarung zwischen dem Dritten und dem Unternehmer des widerrufenen Vertrags erbracht wird. Das Gleiche gilt nach § 360 II S. 2 BGB für Verbraucherdarlehensverträge, in denen die zu finanzierende Leistung genau angegeben ist.

Nach § 359 BGB kann der Verbraucher mit Hilfe eines Einwendungsdurchgriffs seine Einwendungen aus dem finanzierten Geschäft dem Darlehensgeber im Darlehensvertrag entgegen halten. Damit ist es ihm beispielsweise möglich, die Rückzahlung des Darlehens zu verweigern, soweit er hinsichtlich des finanzierten Vertrags zur Verweigerung seiner Leistung berechtigen wäre.

***

Jetzt haben Sie unseren Protagonisten Jan und seine Welt in den vielen Lebenslagen des Allgemeinen Teils des Schuldrechts kennengelernt. Nach diesem Rundgang wird erkennbar:

Es muss nicht alles nur stur auswendig gelernt werden.

Prägen Sie sich die dargestellten Prinzipien dieses Bandes ein! Mit ihnen im Hinterkopf lassen sich viele Probleme lösen. Wenn Sie die Grundgedanken richtig erfassen, brauchen Sie sich nicht in Details zu verzetteln. Das Meiste löst sich auf, wenn der Sinn und Zwecke des Gesetzes erkannt wird.

Das vorliegende Buch präsentierte Ihnen die Materie des Allgemeinen Teils des Schuldrechts in der gebotenen Kürze, klar strukturiert und übersichtlich. Es ist ideal für den Einstieg, aber auch als Wiederholung für die Prüfungssituation.

Sachregister

A

Abmahnung 162 f.
Abschlussfreiheit 26 f.
absolute Rechte 14
Abwehrrechte 14
Agenturmodell 29
Aktivforderung 71 f.
Allgemeine Geschäftsbedingungen 9, 123, 127, 163
Anfechtung 33 ff., 119, 160
Annahmeverzug
siehe Gläubigerverzug
Anpassung des Vertrags 31, 81, 95 f., 119 f.
Anspruch
– allgemein 9, 11
– verhaltener 44
Auffangtatbestand 5
Aufrechnung 29, 70 ff., 152
Aufrechnungsverbot 71 f.
Auskunftsanspruch 67
Auslobung 31 f.

B

Bedingung 19, 122, 165
– bei Gelegenheit der Erfüllung 89
Bereicherung 16, 32 f., 35 ff., 47
Beschaffungsrisiko 56
Besitzaufgabe 78 f.
Beweis 111, 124, 127
Bringschuld 39 ff., 57, 114

C

cessio legis 50, 146
conditio sine qua non 128
culpa in contrahendo 32 ff., 38, 81

D

Dauerschuldverhältnis 7, 105, 121, 153, 162 f.
Deckungsverhältnis 136, 138 ff.
diligentia quam in suis 89, 165
Dispositivität 28, 30, 44 f., 60, 150
Draufgabe 125, 127
Drittschadensliquidation 141, 143 ff.

E

Eigentum 13 f., 40, 42, 92, 130, 144, 147, 159
einseitige Leistungsbestimmungsrechte 62
Einwendungsdurchgriff 15, 169
Einwilligung 46, 74, 154, 167
elektive Konkurrenz 61, 124
Erbengemeinschaft 51 ff.
Erfolgsort 39 ff.
Erfüllbarkeit 24, 43 ff., 72, 114 f.
Erfüllung 7, 18, 23, 39 ff., 42, 64 ff., 81, 89 f., 105, 113 f., 122 ff.
Erfüllungsgehilfe 47 f., 89 ff., 135
Erfüllungsort 40 f.
Erfüllungssurrogat 64 ff., 156
Erfüllungsübernahme 139, 151 f.
Erlassvertrag 53, 156 f.
Ersetzungsbefugnis 60 f., 68, 133

F

Fahrlässigkeit 33, 56, 86 ff., 99, 111, 116, 128
Fälligkeit 10, 43 ff., 72, 107 ff.
Fehleridentität 19
Fixgeschäft 105
Forderungsübergang 50, 146 f.
Formfreiheit 26 f., 151

G

Gattungsschuld 40, 55 ff., 60, 116,
Gebrauchtwagenkauf 29
Gefährdungshaftung 91, 134
Gefahrübergang 41 f., 116,
Gegenleistungsgefahr 42, 76
gegenseitige Verträge
   40, 53, 63, 83, 102
Geldschuld 41 ff., 111, 116
gemeinschaftliche Schuld 49, 51
Genehmigung 66, 74, 92, 152 f.
Gerichtsstand 41
Gesamtgläubigerschaft 53 f.
Gesamthandsgemeinschaft 51, 53
Gesamtschuld 21, 49 ff., 146
Geschäftsführung
  ohne Auftrag 37 f.
gesetzliches
  Schuldverhältnis 32 ff.
gesetzliches Verbot 19, 26 f., 123
Gewährleistung 30, 154
Gläubigerverzug 30, 40, 45, 77,
    83, 88, 113 ff.
Gleichrangigkeit 49
Gleichstufigkeit 49

H

Haftung 20 ff., 32 f., 56, 158
Haftung für vermutetes
  Verschulden 84, 91, 98, 101, 109
Haftung für Zufall 42, 111
Haftungsausfüllung 127 ff.
Haftungsbegründung 127 ff.
Haftungsbeschränkung 23 ff.
Handlungsfreiheit 26
Hauptleistungspflichten
   64 f., 80 ff.
Hauptpflichten 10 f., 113
Heilung 20
Hinterlegung 77 ff., 117, 156

Holschuld 39 ff., 57, 115

I

Informationspflicht 31, 34
Inhaltsfreiheit 26
Integritätsinteresse 10, 80

J

juristische Person 21

K

Klammertechnik 5 ff., 11, 86, 89
Konkretisierung 31, 40, 56 ff., 60
Kostbarkeiten 77
Kündigung 7, 121, 161 ff.

L

Leistung an Erfüllungs statt
   9, 29, 67 ff., 156
Leistung durch Dritte 46 ff.
Leistung erfüllungshalber 68 f., 78
Leistungsbestimmung
  durch Dritte 63
Leistungserfolg 39, 95, 108
Leistungserschwerung
   93 ff., 100, 103, 105
Leistungsgefahr 42, 56, 116, 142
Leistungshandlung 39 ff., 108
Leistungshindernis 92 ff., 103 ff.
Leistungsmodalität 61 f.
Leistungsort 28, 30, 39 ff.
Leistungsrisiko
  siehe Leistungsgefahr
Leistungsstörungen
   80 ff., 150, 166
Leistungsverweigerungsrecht
  94 ff., 98, 99, 100, 103, 107, 169
Leistungszeit 43 ff., 105, 107 f., 115
lex specialis derogat
  legi generali 5, 133, 169

M

Mahnung 44, 107 ff., 115, 125
Mitgläubigerschaft 52 ff.
Mitverschulden 134 f.
Mitwirkungshandlung
 76, 114 f., 118

N

natürliche Person 22
Naturalobligation 23
Naturalrestitution 34, 60 f., 131 ff.
Nebenleistungspflichten 81 f.
Nebenpflichten
 10 f., 31, 80 ff., 139
Notabwicklung 76 ff., 116 f.
Novation 158

O

Obliegenheit 113, 117 f.

P

pactum de non petendo 157
Passivforderung 71 ff.
persönliche
 Leistungserbringung 47, 95
Pfandrecht 22, 25, 66, 150
positive Forderungsverletzung 80
positives Interesse 99, 101, 130
Preisgefahr
 siehe Gegenleistungsgefahr
Primärpflichten 81 f., 99, 107
Prioritätsprinzip 149
Privatautonomie 13, 26 f., 137

R

Realakt 32
rechtsgeschäftliches
 Schuldverhältnis 26 ff.
Rechtsgrund 20, 35 f., 64, 111, 162
Rechtsschein 66
Rechtssubjekt 21, 26
relative Rechte 13 f.
Relativität der
 Schuldverhältnisse 13 ff., 141
Reugeld 126

S

Sachhaftung 22 f., 25
Sachwalterhaftung 89
Schadensersatz 13, 18, 22, 24,
 33 ff., 60 f., 75, 81, 84 ff. 98
Scheingläubiger 66, 149
Schickschuld 39 ff., 108
Schiedsgutachten 63
Schmerzensgeld 35, 134
Schuld 20 ff.
Schuldbeitritt 150 f.
Schuldnerverzug 43 f., 80, 83 ff.,
 105 ff., 116 ff., 124 f.
Schuldübernahme 151 ff.
Schuldverhältnis im
 engeren Sinne 9, 11
Schuldverhältnis im
 weiteren Sinne 9, 11
Schutzpflichten
 10, 31, 34, 64, 80 ff., 141, 162
Sekundärpflichten 81 ff., 98 f., 104
Selbsthilfeverkauf 77 ff.
Sittenwidrigkeit 19, 26 f., 123, 125
Sondervermögen 51
Sorgfaltspflicht 33 f., 38, 83, 141 f.
Spiel- und Wettverträge 24
stellvertretendes commodum
 86, 102 ff.
Störung der Geschäftsgrundlage
 81, 83, 95 f., 118 ff., 161, 164
Stückschuld 42, 55 ff.
Stundung 44, 68, 78, 110, 152
Synallagma 93, 112

T

teilbare Leistung 49, 52 ff.

Teilleistung	31, 45, 52
Teilgläubigerschaft	54
Teilnichtigkeit	19
Teilschuld	49, 52,
Tilgungsbestimmung	67
Trennungs- und Abstraktionsprinzip	15 ff.
Treu und Glauben	10, 28, 31, 94, 119 f., 135
Typenverträge	10
unbestimmte Leistungspflichten	12, 60

U

Universalsukzession	23
Unmöglichkeit	
– allgemein	80, 83 f., 92 ff., 117 f., 119, 132, 164
– anfängliche	998 ff., 119
– faktische	94, 96
– nachträgliche	98, 100, 102, 104
– rechtliche	97
– wirtschaftliche	95 f., 119
– tatsächliche	97
– subjektive	92
unvertretbare Sachen	55 f.
unvollkommene Verbindlichkeiten	24

V

Valutaverhältnis	136, 138 ff.
Verbraucherschutz	9, 26
verbundene Verträge	15
Verfügungsgeschäft	16 ff.
Vergleich	159 ff.
Verjährung	24, 43, 73, 94, 107
Vermögensschaden	122, 130 f., 133 f.
Verpflichtungsgeschäft	13, 16 ff., 76
Verrichtungsgehilfe	143
Versendungskauf	42
Versteigerungserlös	77, 79
Vertrag mit Schutzwirkung für Dritte	141 ff.
Vertrag zulasten Dritter	13
Vertrag zugunsten Dritter	136 ff., 156
Vertrag zugunsten Dritter auf den Todesfall	140
Vertragsanbahnung	34, 83
Vertragsfreiheit	26 ff., 63, 153, 158
Vertragsstrafe	122 ff.
Vertragsübernahme	153 f.
Vertrauensschutz	33 ff., 138, 163
vertretbare Sachen	55 f.
Vertretenmüssen	84, 86, 95, 98, 101, 109 ff., 112
Vollzugsgeschäft	
siehe Verfügungsgeschäft	
Vorratsschuld	57 f.
Vorvertrag	26

W

Wahlschuld	12, 59 ff., 105
Widerruf	62, 102, 167 ff.
Willenserklärung	16, 26, 31 f., 37, 60, 62, 71, 107, 162 f., 167

Z

Zahlstelle	67
Zedent	147 ff.
Zessionar	147 ff.
Zurechnung	87 f., 138, 143
Zurückbehaltungsrecht	40, 107
zusammenhängende Verträge	168 f.
Zustimmung	149, 167

leicht gemacht ®

▶ Das BGB-Quartett

Allgemeiner Teil des BGB – *leicht gemacht* ®
Verständlich – einprägsam – klausurrelevant
von Richter am AG Dr. Peter-Helge Hauptmann

Schuldrecht AT – *leicht gemacht* ®
Allgemeiner Teil des Schuldrechts: Eine Einführung für Studierende an Universitäten und Hochschulen
von Professor Dr. Erik Hahn

Schuldrecht BT – *leicht gemacht* ®
Besonderer Teil des Schuldrechts: Eine Einführung für Studierende an Universitäten und Hochschulen
von Richter Sascha Gruschwitz

Sachenrecht – *leicht gemacht* ®
Eine prüfungsrelevante Einführung
verständlich – lebendig – einprägsam
von Rechtsanwältin Cornelia S. Leicht

Das BGB-QUARTETT

Die Darstellung der klausurrelevanten Inhalte des BGB über vier *leicht gemacht*® Bände:

- Intensiv, relevant, lebendig
- Einprägsame Kurzfälle
- Konkrete Prüfschemata
- Klare Übersichten
- Verständliche Leitsätze

Die Lehrbücher für Einsteiger und zur Examenswiederholung!

leicht gemacht ®

▶Das Starter-Set

Jura – *leicht gemacht* ®
Das Juristische Basiswissen

BGB – *leicht gemacht* ®
Die erfolgreiche BGB-Prüfung. Eine Einweisung nicht nur für Juristen, Betriebs- und Volkswirte. Gesamtauflage über 1 Million.

HGB – *leicht gemacht* ®
Das Wichtigste aus Handels-, Gesellschafts- und Wertpapierrecht für Juristen, Volks- und Betriebswirte. Schon über 22 Auflagen.

Verwaltungsrecht – *leicht gemacht* ®
Allgemeines und Besonderes Verwaltungsrecht für Studierende an Universitäten, Hochschulen und Berufsakademien

Staatsrecht – *leicht gemacht*
Das Staats- und Verfassungsrecht nicht nur für Studierende an Universitäten, Hochschulen und Berufsakademien

Strafrecht – *leicht gemacht* ®
Der Strafrechtsschein: Allgemeiner und Besonderer Teil des StGB mit praktischen Fällen und Hinweisen für Klausur und Hausarbeit

Klausuren schreiben– *leicht gemacht* ®
Aufbau und Form der juristischen Klausur. Schon über 17 Auflagen.

leicht gemacht ®

▶ Das Arbeitsrecht-Duo

Arbeitsrecht – *leicht gemacht* ®

Eine Darstellung mit praktischen Fällen:
Verständlich – kurz – praxisorientiert
von Richter am AG Peter-Helge Hauptmann

Hier vermittelt ein erfahrener Richter unser Arbeitsrecht lebendig und verständlich mit praxisnahen Beispielen. Aus dem Inhalt:

- Einstellung, Arbeitsvertrag, Pflichten
- ordentliche und außerordentliche Kündigung
- Betriebsrat, Gewerkschaften, Arbeitgeber

Ein Erfolgsbuch. Eingängig strukturiert durch Leitsätze und Übersichten werden Grundlagen, Basiswissen und mehr erläutert. Mit konkreten Prüfschemata für die Kündigungen.

BetrVG – *leicht gemacht* ®

Das Betriebsverfassungsgesetz: Verständlich – kurz – praxisorientiert
von Rechtsanwalt und Fachanwalt für Arbeitsrecht Arno Schrader

Hier wird das Betriebsverfassungsgesetz mittels vieler Beispiele, Übersichten und Leitsätze lebendig und verständlich dargestellt. Aus dem Inhalt:

- Wahl des Betriebsrats
- Rechte und Pflichten des Betriebsrats
- Einstellungen, Versetzungen, Kündigungen
- Betriebsvereinbarungen
- Arbeitsgericht und Einigungsstelle

Serviceteil: Ablaufschema Betriebsratswahl, Rechte des Betriebsrats in 7 Übersichten.

leicht gemacht ®

▶ Jura-Spezial

ZPO – *leicht gemacht* ®
Die Zivilprozessordnung: Übersichtlich – kurz – einprägsam
von Richter am AG Robin Melchior

Bankrecht – *leicht gemacht* ®
Ein Lehrbuch nicht nur für angehende Bankkaufleute, Betriebswirte und Rechtsanwälte
von Rechtsanwalt und Fachanwalt für Bank und Kapitalmarktrecht Alexander Deicke

Arztrecht – *leicht gemacht* ®
Eine Darstellung für Studierende, Juristen, Ärzte und Patienten.
von Rechtsanwältin und Fachanwältin für Medizinrecht Margrit Weirich

RVG – *leicht gemacht* ®
Das Rechtsanwaltsvergütungsgesetz: Der leicht verständliche Überblick
von Rechtsanwältin Cornelia S. Leicht

IPR – *leicht gemacht* ®
Internationales Privatrecht: Die eingängige Darstellung vermittelt dem Leser zuverlässig die juristischen Grundlagen des Internationalen und Europäischen Privatrecht
von Richter Sascha Gruschwitz

leicht gemacht ®

▶Das Verwaltungs-Duo

Verwaltungsrecht – *leicht gemacht* ®

Allgemeines und Besonderes Verwaltungsrecht für Studierende an Universitäten, Hochschulen und Berufsakademien

von Rechtsanwalt Claus Murken

Ein erfahrener Rechtsanwalt vermittelt das Verwaltungsrecht in verständlicher, kurzweiliger und vor allem einprägsamer Weise.

- Verwaltungsorganisation / Verwaltungsakt
- Verwaltungsverfahren / Amtshaftung

Aus dem Besonderen Verwaltungsrecht:

- Baurecht / Gewerberecht
- Polizei- und Ordnungsrecht

Das Plus: 11 Prüfschemata.

VwGO – *leicht gemacht* ®

Das Verwaltungsprozessrecht: anschaulich – lebendig – einprägsam

von den Rechtsanwälten Claus Murken und Michael Jeske

In verständlicher, kurzweiliger und vor allem einprägsamer Weise vermittelt der vorliegende Band das Verwaltungsprozessrecht mit seinen zahlreichen Facetten:

- Zulässigkeit und Verfahren
- Klagearten und Normenkontrolle
- Vorläufiger Rechtsschutz

Die bewährte fallorientierte Aufbereitung ermöglicht Studierenden an Universitäten, Hochschulen und Berufsakademien, aber auch Anfängern verschiedener Berufe, einen raschen Einstieg.

Mit Übersichten, Leitsätzen und Prüfschemata.

leicht gemacht ®

▶Staat und Steuer

Staatsrecht – *leicht gemacht* ®

Das Staats- und Verfassungsrecht nicht nur für Studierende an Universitäten, Hochschulen und Berufsakademien
von Richter am AG Robin Melchior

Ein erfahrener Richter vermittelt lebendig und übersichtlich das deutsche Staats- und Verfassungsrecht. Aus dem Inhalt:
- Verfassung, Werteordnung, Gesetzgebung
- Grund-, Bürger- und Menschenrechte
- Würde, Freiheit und Selbstbestimmung
- Meinungs- und Pressefreiheit
- Kontrolle staatlichen Handelns

Ihr Plus: 22 Übersichten und 3 Prüfschemata.

Steuerrecht – *leicht gemacht* ® **(Blaue Serie)**

Eine Einführung nicht nur für Studierende Universitäten, Hochschulen und Berufsakademien
von Professor Dr. Stephan Kudert

Ein erfahrener Universitätsprofessor vermittelt dieses verständlich und fallorientiert. Aus dem Inhalt:
- Einkommensteuer
- Körperschaftsteuer
- Gewerbesteuer
- Umsatzsteuer
- Internationale Bezüge

Eine unerlässliche Lernhilfe für die Steuerklausur sowie Beistand in Beruf und Alltag. Das Plus: 18 Übersichten und 23 Leitsätze.

leicht gemacht ®

▶ Der Jura-Einstieg

Jura – *leicht gemacht* ®

Das Juristische Basiswissen
von Richter am AG Peter-Helge Hauptmann

Eine Einführung in die Welt des Rechts in bewährt fallorientierter Weise mit Leitsätzen und Übersichten:

- Gesetzgebung und Gesetze
- Rechtsprechung, Literatur und Lehre
- Zivil-, Straf- und Öffentliches Recht
- lateinisches Minilexikon, kleine Rechtsgeschichte
- Arbeitstechnik, Rechtssprache, Gesetzesanwendung

Das Starterbuch für Studierende. Der entscheidende Wissensvorsprung!

Klausuren schreiben – *leicht gemacht* ®

Aufbau und Form der juristischen Klausur
von Rechtsanwalt Jörn Bringewat

Der Leitfaden für das erfolgreiche Bestreiten juristischer Klausuren:

- Einsteigertipps und Klausurstrategie
- Fallbearbeitung und Gutachtentechnik
- Zivil-, Straf-, Verfassungs- und Verwaltungsrecht
- Prüfschemata, Übersichten und Fallbeispiele

Mit seiner hoher Anwendernähe der ideale und einsteigerfreundliche Begleiter für jedes Studium mit juristischem Anteil. Erscheint bereits in über 17 Auflagen.

Das Plus: Prüfschemata und Lösungshinweise!

leicht gemacht ®

▶ Die genialen Darstellungen von Dr. Heinz Nawratil

BGB – *leicht gemacht* ®

Die erfolgreiche BGB-Prüfung. Eine Einweisung nicht nur für Juristen, Betriebs- und Volkswirte

von Notar Dr. Heinz Nawratil

Eines der erfolgreichsten Bücher zur Einführung in das Bürgerliche Recht:

- Generationen von Jurastudenten haben den Einstieg in das Fach gefunden
- Generationen Wirtschaft-Studierender wurden zur erfolgreichen BGB-Prüfungen geführt

Frisch und witzig, mitreißend und anregend geschrieben. Erscheint bereits in über 30 Auflagen mit mehr als 1 Million verkauften Exemplaren!

HGB – *leicht gemacht* ®

Das Wichtigste aus Handels-, Gesellschafts- und Wertpapierrecht für Juristen, Volks- und Betriebswirte

von Notar Dr. Heinz Nawratil

Seit Jahrzehnten ist dieses Buch ein beliebter Einstieg für alle, die sich zum ersten Mal mit Handelsrecht beschäftigen müssen.

Sein Erfolg dürfte darin liegen, dass es bewusst keine wissenschaftliche Abhandlung, sondern eine praktische Prüfungshilfe bieten will: In sehr lebendiger Form und beschränkt auf das Wesentliche begleitet der Verfasser den Leser von Punkt Null bis zum Standard-Prüfungswissen.

Strukturiert mit 15 Übersichten und 18 Leitsätzen. Erscheint bereits in über 22 Auflagen!

leicht gemacht ®

▶ Das Wirtschafts-Duo

Gesellschaftsrecht – *leicht gemacht* ®

Das Recht der Personen- und Kapitalgesellschaften nicht nur für Studierende an Universitäten, Hochschulen und Berufsakademien
von Richter am AG Robin Melchior

In bewährt fallorientierter Weise vermittelt das Buch die juristischen Grundlagen. Aus dem Inhalt:

- Personengesellschaften (GbR, OHG, KG, GmbH & Co. KG)
- Kapitalgesellschaften (GmbH, UG, AG, KGaA)
- juristische Personen (Genossenschaft, Verein, VVaG, Stiftung)
- europäische Rechtsformen (SE, EWIV, SCE)
- Zweigniederlassungen, Konzerne, Umwandlungen

Strukturiert mit Leitsätzen und Übersichten!

Wirtschaftsrecht – *leicht gemacht* ®

Das komplette Recht der Wirtschaft nicht nur für Studierende an Universitäten, Hochschulen und Berufsakademien
von Richter am AG Robin Melchior

In der bewährt fallorientierten Weise vermittelt ein erfahrener Richter die Organisation von Unternehmen und das Recht der Kaufleute:

- Gesellschaftsrecht, Jahresabschluss, Steuern
- Vertragsrecht, Marketing, Finanzen
- Beteiligungen, gewerblicher Rechtsschutz
- Arbeitsrecht, Verwaltungsrecht, Gewerberecht
- Kartellrecht, Europarecht u.v.m.

Das Plus: 32 Übersichten und 28 Leitsätze!

Blaue Serie

Kudert
Steuerrecht – leicht gemacht
Das deutsche Steuerrecht

Kudert
Int. Steuerrecht – leicht gemacht
Grenzüberschreitende Aktivitäten

Warsönke
Einkommensteuer – leicht gemacht
Das EStG-Lehrbuch

Mücke
Umsatzsteuer/Mehrwertsteuer – leicht gemacht
Für Studierende und Praktiker

Schober
Gewerbesteuer – leicht gemacht
Systematisch – präzise – verständlich

Drobeck
Erbschaftsteuer – leicht gemacht
Erbschaft- und Schenkungsteuer

Warsönke
Abgabenordnung – leicht gemacht
Das ganze Steuerverfahren

Warsönke
Körperschaftsteuer – leicht gemacht
Die Besteuerung juristischer Personen

Schinkel
EÜR – leicht gemacht
Einnahme-Überschuss-Rechnung

Warsönke
Steuerstrafrecht – leicht gemacht
Verstoß, Verfolgung, Verteidigung

Schinkel
Klausuren im Steuerrecht – leicht gemacht
Techniken und Methoden

Schinkel
Die Besteuerung der GmbH – leicht gemacht
Das GmbH-Steuerlehrbuch

Drobeck
Die Besteuerung der Personengesellschaften – leicht gemacht
GbR, OHG, KG, Gesellschafter ...

Möller
Die Besteuerung von Kapitalanlagen – leicht gemacht
Zinsen, Aktien, Fondserträge ...

Schober
Die Steuer der Immobilien – leicht gemacht
Anschaffen, Vermieten, Veräußern ...

Mutscher/Benecke
Die Steuer bei Umwandlungen – leicht gemacht
Das Umwandlungsteuergesetz

Kudert/Sorg
Steuerbilanz – leicht gemacht
Die steuerlichen Grundsätze

Kudert/Sorg
Rechnungswesen – leicht gemacht
Buchführung und Bilanz

Kudert/Sorg
Übungsbuch Rechnungswesen – leicht gemacht
Lernziele, Übungen, Lösungen

Kudert/Sorg
Kostenrechnung – leicht gemacht
Kosten- und Leistungsrechnung

Kudert/Sorg
IFRS – leicht gemacht
Int. Financial Reporting Standards

In regelmäßigen Neuauflagen
www.leicht-gemacht.de